문장으로 끝내는
HSK
단어장

최은정 지음

1-4급

S 시원스쿨닷컴

문장으로 끝내는
HSK 단어장 1-4급

초판 1쇄 발행 2020년 9월 1일
초판 5쇄 발행 2024년 8월 1일

지은이 최은정
펴낸곳 (주)에스제이더블유인터내셔널
펴낸이 양홍걸 이시원

홈페이지 china.siwonschool.com
주소 서울시 영등포구 영신로 166 시원스쿨
교재 구입 문의 02)2014-8151
고객센터 02)6409-0878

ISBN 979-11-6150-377-6
Number 1-410201-18181807-02

문장으로 끝내는

HSK

단어장

최은정 지음

1-4급

S 시원스쿨닷컴

이 책을 내면서

HSK를 가르친 지 어느덧 15년! 언젠가 이 일을 그만두기 전에 반드시 출간하려고 했던 책은 HSK 종합서도 모의고사집도 아닌 바로 이 "문장으로 암기하는 HSK 단어장"이었다.

외국어를 잘하는 방법은 간단하다. 문장을 소리 내어 많이 암기하면 된다. 쉽게 말해서 내가 표현하고 싶은 말이나 글이 있을 때 문장 전체를 끄집어내어 말하고 쓰면 된다.

외국어를 못하게 되는 이유 또한 간단하다. 무작정 단어를 한국어로 많이 암기하려고 한다든지, 표현하고 싶은 말이나 글을 한국어로 떠올린 다음, 상황이나 품사에 대한 고려 없이 단어를 짜깁기하기 때문이다. 예를 들어 '당신의 이름이 무엇인가요?'를 한국어 단어 그대로 나열해 '你的名字是什么?'로 묻지 않고, 중국어 습관대로 '你叫什么名字?'라고 묻는 것이 대표적이다.

중국어를 처음 시작하는 기초 단계에서는 누구나 문장 암기를 비교적 잘한다. 하지만 시간이 지날수록 단어에 집착하게 되고, 그러면서 회화나 작문 실력은 어느 수준에서 정체 현상을 보이게 된다. 그러다 보면 자연히 중국어 자체에 대한 흥미는 떨어지게 되고, HSK와 같은 시험 성적을 위해 중국어는 재미없게 공부해야 하는 대상이 되어 버린다.

이 "문장을 통한 HSK 단어 암기"로, HSK의 성적 향상은 물론 회화와 작문 실력의 동반 상승으로 처음 중국어를 배울 때의 흥미를 다시 되찾을 거라 믿어 의심치 않는다.

저자 최은정

⭐ 단어를 개별 암기하면 안 되는 이유

☝ '漂亮', '美丽', '美观', '美好', '美妙', '优美'… 모두 '아름답다'?

중국어는 문체, 감정 색채, 무게감, 주변 단어 등 여러 가지 상황에 따라 같은 뜻을 가진 단어들이 무수히 많이 존재하기 때문에 한국어에 비해 훨씬 많은 단어를 가지고 있다. 따라서 한국어로 단어를 개별 암기할 경우 똑같은 뜻을 가진 중국어 단어를 계속 접하게 되는데, 그 중 어떤 상황에서 어떤 중국어 단어를 써야 하는 것인지 구분할 수가 없다.

✌ 비효율적인 단어집 암기! Z까지 가본 적이 있는가?

A~Z로 나열된 단어집 암기는 의미적 배경 없이 단어를 무작정 암기하는 것이기 때문에 잘 외워지지 않고 꾸준히 학습하기도 어렵다. 설령 예제가 제시된 단어집이라고 하더라도 하나의 단어마다 한 문장이 제시되므로 그 급수의 개수만큼 예제를 외우는 것 또한 현실적이지 않다. 결국 중도에 포기하게 되는 경우가 대부분이다.

🤟 콩차이니즈라고 들어봤나?

영어에만 콩글리쉬가 있는 것이 아니다. 암기해 둔 단어를 한국어를 바탕으로 아무리 중국어 어순에 맞게 배열한다고 해도, 중국인이 쓰지 않는 표현이면 콩차이니즈가 되어 버린다. 중국인이 실제 쓰는 습관에 맞는 문장을 암기해야만 진정한 중국어를 구사한다고 말할 수 있다.

★ 문장 암기만이 가능한 일석5조의 엄청난 효과

1. 기출 성우의 녹음을 들으며 듣기 감각 향상
2. 문장 통암기로 회화 실력 향상
3. 문장 쓰기 연습으로 작문 실력 향상
4. 문장 속에서 단어의 품사와 용법까지 저절로 습득
5. 각 급수의 단어를 평균 ⅓~¼개의 문장으로 완성

급수	단어 개수	문장 개수	완성
1~2급	300단어	75문장	300단어를 75문장으로 마스터
3급	300단어	100문장	300단어를 100문장으로 마스터
4급	600단어	200문장	600단어를 200문장으로 마스터
5급	1300단어	320문장	1300단어를 320문장으로 마스터
6급	2500단어	640문장	2500단어를 640문장으로 마스터

★ 이렇게 단계별로 학습하세요!

1단계 녹음 반복 **듣기** → 2단계 끊어 **따라 읽기** → 3단계 연결하여 **말하기** → 4단계 한자 **쓰기** → 평가단계 실력 확인하기

1단계 기출 성우의 녹음을 반복해서 듣고 먼저 귀에 익히도록 한다.
2단계 녹음을 들으며 끊어 따라 읽기 연습을 한다.
3단계 끊어 따라 읽기가 익숙해지면 문장 전체를 연결하여 말하기 연습을 한다.
4단계 말이 자연스럽게 나온 다음 한자 쓰기 연습을 한다. 이때 쓰기 어려운 한자는
　　　　반복해서 써 보도록 한다.
평가단계 375문장을 38세트 테스트지로 점검한다.

★ 한국어 문장은 중국어 문장을 말하거나 써 내기 위해 내용을 떠올리게 하는 힌트로만 이용하며,
　한국어 문장의 내용 자체를 암기하는 것은 아니다.

목차

무료 제공
- 북경 현지 HSK 기출 성우가 녹음한 MP3 음원 제공
- 375문장 38세트 테스트지 PDF 제공
- HSK 급수별 미니 모의고사 2회분 제공(교재 수록)
- 1-5급 2500개 플러스 단어장 제공(교재 수록)

🎧 MP3 음원 / 📱 PDF 다운로드 방법
시원스쿨중국어 접속(china.siwonschool.com)
⇨ 학습지원센터 ⇨ 공부 자료실 ⇨ MP3 다운로드
↘ PDF 다운로드

이 책의 구성

❶ 학습량 및 목표량 설정

매 유닛(UNIT) 마다 명확한 학습량과 목표량을 제시해줌으로써 학습자 스스로 보다 체계적인 학습이
가능하도록 하였으며, 실질적인 목표 달성을 위한 촉진제 역할로도 활용할 수 있도록 하였습니다.

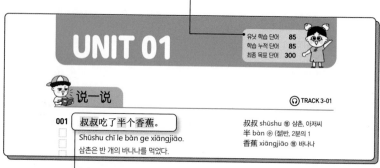

❷ 해당 급수 단어 색인 표기

각 급수에 해당하는 단어에 색인을 표기하여 시각적 효과를 더함으로써
단어 및 문장 암기에 효과적이도록 구성하였습니다.

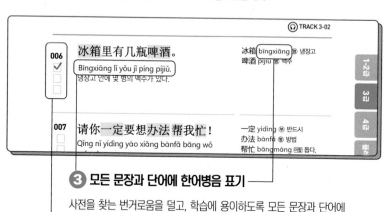

❸ 모든 문장과 단어에 한어병음 표기

사전을 찾는 번거로움을 덜고, 학습에 용이하도록 모든 문장과 단어에
한어병음을 표기하였습니다.

❹ 체크 박스 ☑

문장 앞의 네모 박스에 체크하면서 문장을 따라 읽고 말하는 연습을 할
수 있도록 구성하였습니다.

5 문장 누적 번호 제시

현재 어느 정도까지 학습을 진행했는지 체크할 수 있도록 하였습니다.

· 1-2급 75문장 -> 001~075 · 3급 100문장 -> 001~100 · 4급 200문장 -> 001~200

032 如果现在不吃饱，晚上会饿的。

Rúguǒ xiànzài bù chī bǎo, wǎnshang huì è de.

만약 지금 배부르게 먹지 않으면, 저녁에 배가 고플 것이다.

如果 rúguǒ [접] 만약 ~라면(주로 就와 호응)

饱 bǎo [형] 배부르다

饿 è [형] 배고프다

★ POINT

조동사 会가 추측이나 가능성을 나타낼 때는 문장 끝에 습관적으로 '的'를 씁니다.

6 POINT 제공

각 문장에서 알아두면 유용한 추가 설명을 제시하여 좀 더 쉽게 문장을 이해할 수 있도록 하였습니다.

7 기출 성우 MP3 음원 (TRACK 3-01)

북경 현지 HSK 기출 성우가 직접 녹음한 MP3 음원을 들으며 학습할 수 있도록 하였습니다.

음원 TRACK 구성

5문장 듣기 훈련 ⇒ 5문장 끊어 따라 읽기 ⇒ 5문장 전체 연결하여 따라 읽기 순으로 학습할 수 있도록 구성

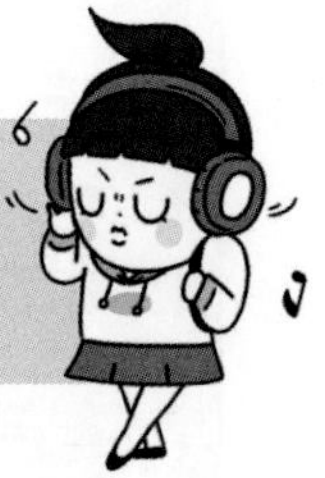

8 연습 코너 마련

앞에서 학습한 내용을 **写一写** 코너에서 다시 한번 점검할 수 있도록 하였습니다.

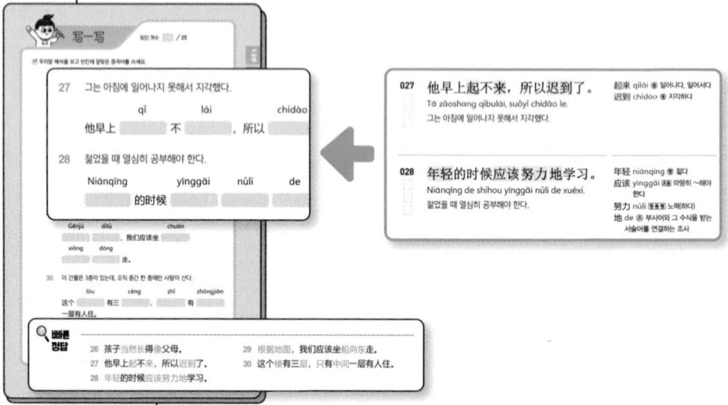
写一写
27 그는 아침에 일어나지 못해서 지각했다.
qǐ lái chídào
他早上 不 ，所以
28 젊었을 때 열심히 공부해야 한다.
Niánqīng yīnggāi nǔlì de
的时候
027 他早上起不来，所以迟到了。
Tā zǎoshang qǐbulái, suǒyǐ chídào le.
그는 아침에 일어나지 못해서 지각했다.
起来 qǐlái [동] 일어나다, 일어서다
迟到 chídào [동] 지각하다
028 年轻的时候应该努力地学习。
Niánqīng de shíhou yīnggāi nǔlì de xuéxí.
젊었을 때 열심히 공부해야 한다.
年轻 niánqīng [형] 젊다
努力 nǔlì 노력(하다)
빠른 정답
26 孩子当然长得像父母。
27 他早上起不来，所以迟到了。
28 年轻的时候应该努力地学习。
29 根据地图，我们应该坐船向东走。
30 这个楼有三层，只有中间一层有人住。

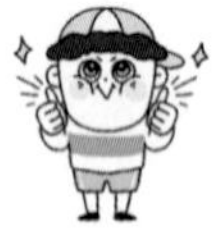

9 빠른 정답 제공

페이지 하단에 정답을 제시하여 바로 확인할 수 있도록 하였습니다.

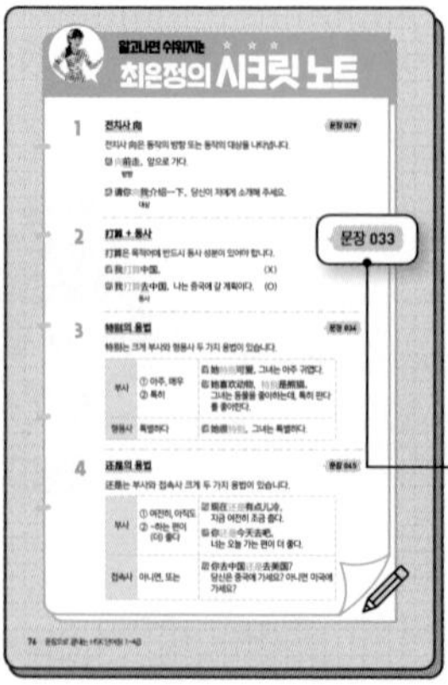
알고나면 쉬워지는
최은정의 시크릿 노트
문장 033

10 최은정의 시크릿 노트

매 유닛(UNIT)에서 가장 중요한 핵심 어법만을 엄선했습니다. 또한 해당 어법이 포함된 문장의 넘버 정보도 제시하여 학습에 편의를 더 했습니다.

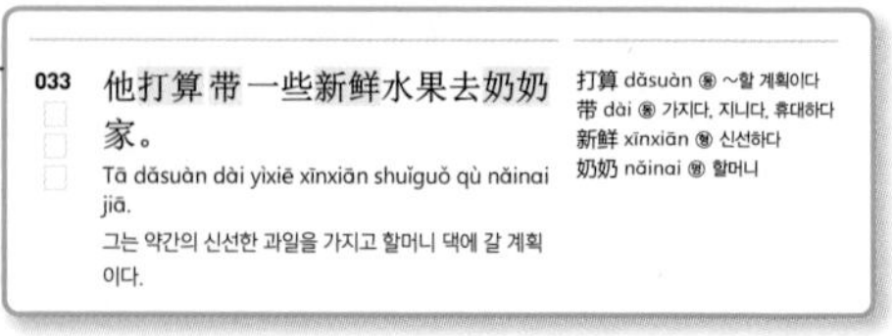
033 他打算带一些新鲜水果去奶奶家。
Tā dǎsuàn dài yìxiē xīnxiān shuǐguǒ qù nǎinai jiā.
그는 약간의 신선한 과일을 가지고 할머니 댁에 갈 계획이다.
打算 dǎsuàn [동] ~할 계획이다
带 dài [동] 가지다, 지니다, 휴대하다
新鲜 xīnxiān [형] 신선하다
奶奶 nǎinai [명] 할머니

⑪ HSK 미니 모의고사 급수별 2회분 제공

급수별 2회분에 해당하는 HSK 미니 모의고사 맛보기 문제를 제공함으로써 실전 감각을 키울 수 있도록 하였습니다.

·1급 2회분 · ·2급 2회분 · ·3급 2회분 · ·4급 2회분

⑫ 2500개 플러스 단어장 제공

HSK 1-4급 1200단어 외에도 5급 1300단어도 추가로 제공하였습니다. 또한 단어를 찾아보기 쉽도록 급수별, 알파벳순으로 정리하였습니다.

* 이 책에 사용하는 품사 약어표		
명 명사	대 대사	고유 고유명사
동 동사	이합 이합동사	조동 조동사
형 형용사	부 부사	전 전치사
접 접속사	수 수사	양 양사
조 조사	감탄 감탄사	

학습 플랜

HSK 1급부터 4급까지의 필수 단어 1200개를 375문장으로, 15일(또는 30일) 만에 학습할 수 있도록 구성하였습니다. HSK 급수별 단어를 활용하여 문장을 구성하여 단어장의 난이도를 대폭 낮췄을 뿐 아니라, 학습자의 수준에 따라 학습이 가능하도록 설계하였습니다.

 문장이 쉽다 문장이 짧다 문장이 잘 외워진다

1-4급 15일만에 끝내기 학습 플랜

Day 1	Day 2	Day 3	Day 4	Day 5
UNIT 01	UNIT 02	UNIT 03	UNIT 01	UNIT 02
1-2급 001-025	1-2급 026-050	1-2급 051-075	3급 001-025	3급 026-050
월 / 일 점수: /	/	/	/	/
Day 6	**Day 7**	**Day 8**	**Day 9**	**Day 10**
UNIT 03	UNIT 04	UNIT 01	UNIT 02	UNIT 03
3급 051-075	3급 076-100	4급 001-025	4급 026-050	4급 051-075
/	/	/	/	/
Day 11	**Day 12**	**Day 13**	**Day 14**	**Day 15**
UNIT 04	UNIT 05	UNIT 06	UNIT 07	UNIT 08
4급 076-100	4급 101-125	4급 126-150	4급 151-175	4급 176-200
/	/	/	/	/

30일만에 끝내기 학습 플랜

Day 1	Day 2	Day 3	Day 4	Day 5	Day 6
UNIT 01		UNIT 02		UNIT 03	
1-2급 001-025		1-2급 026-050		1-2급 051-075	
월 / 일 점수:		/		/	
Day 7	Day 8	Day 9	Day 10	Day 11	Day 12
UNIT 01		UNIT 02		UNIT 03	
3급 001-025		3급 026-050		3급 051-075	
/		/		/	
Day 13	Day 14	Day 15	Day 16	Day 17	Day 18
UNIT 04		UNIT 01		UNIT 02	
3급 076-100		4급 001-025		4급 026-050	
/		/		/	
Day 19	Day 20	Day 21	Day 22	Day 23	Day 24
UNIT 03		UNIT 04		UNIT 05	
4급 051-075		4급 076-100		4급 101-125	
/		/		/	
Day 25	Day 26	Day 27	Day 28	Day 29	Day 30
UNIT 06		UNIT 07		UNIT 08	
4급 126-150		4급 151-175		4급 176-200	
/		/		/	

문장으로 끝내는
HSK
단어장

china.siwonschool.com

1-2급

UNIT 01

 说一说

🎧 TRACK 1,2-01

001 ☑
女儿非常爱吃水果。
Nǚ'ér fēicháng ài chī shuǐguǒ.
딸은 과일 먹는 것을 매우 좋아한다.

女儿 nǚ'ér 몡 딸
非常 fēicháng 児 매우, 아주
爱 ài 图 ~하기를 좋아하다
吃 chī 图 먹다
水果 shuǐguǒ 몡 과일

002
哥哥明天下午去中国。
Gēge míngtiān xiàwǔ qù Zhōngguó.
오빠는 내일 오후 중국에 간다.

哥哥 gēge 몡 오빠, 형
明天 míngtiān 몡 내일
下午 xiàwǔ 몡 오후
去 qù 图 가다
中国 Zhōngguó 고유 중국

003
我星期四上午要学习。
Wǒ xīngqī sì shàngwǔ yào xuéxí.
나는 목요일 오전에 공부하려고 한다.

我 wǒ 떼 나, 저
星期 xīngqī 몡 요일, 주
四 sì 囹 4, 넷
上午 shàngwǔ 몡 오전
要 yào 조동 ~하려고 하다
学习 xuéxí 명동 공부(하다),
　　　　　 학습(하다)

004
他的生日是五月八日。
Tā de shēngrì shì wǔ yuè bā rì.
그의 생일은 5월 8일이다.

他 tā 떼 그
的 de 조 ~의
生日 shēngrì 몡 생일
是 shì 图 ~이다 | 五 wǔ 囹 5, 다섯
月 yuè 몡 월, 달 | 八 bā 囹 8, 여덟
日 rì 몡 (특정한) 일, 날

005
出了公司往左边走是火车站。
Chū le gōngsī wǎng zuǒbian zǒu shì
huǒchēzhàn.
회사를 나가서 왼쪽으로 가면 기차역이다.

★ POINT

走는 '가다'라는 의미로 가는 동작 자체를 강조할 때 사용하며,
去는 '~에 가다'라는 의미로 어떤 장소에 가는 것을 강조할 때 사
용합니다.

出 chū 图 (안에서 밖으로) 나가다,
　　　 나오다
了 le 조 동사 뒤에서 완료를 나타
　　내거나, 문장 끝에 쓰여 변화를
　　나타냄
公司 gōngsī 몡 회사
往 wǎng 젠 ~쪽으로, ~을 향해
左边 zuǒbian 몡 왼쪽, 좌측
走 zǒu 图 가다
火车站 huǒchēzhàn 몡 기차역

006

这儿有三个杯子。

Zhèr yǒu sān ge bēizi.

이곳에 3개의 잔이 있다.

这 zhè 때 이(것)
有 yǒu 통 있다
三 sān 주 3, 셋
个 ge 양 개, 명
杯子 bēizi 명 잔, 컵

★ POINT

个는 '개, 명'이라는 의미로 사람이나 전용 양사가 없는 명사에 두루 쓰이며, 전용 양사가 있는 명사에도 사용 가능합니다.

007

桌子上有两本书。

Zhuōzi shàng yǒu liǎng běn shū.

탁자 위에 두 권의 책이 있다.

桌子 zhuōzi 명 탁자, 테이블
上 shàng 명 위
两 liǎng 주 2, 둘
本 běn 양 권(책을 세는 단위)
书 shū 명 책

008

我今天晚上九点到北京。

Wǒ jīntiān wǎnshang jiǔ diǎn dào Běijīng.

나는 오늘 저녁 9시에 베이징에 도착한다.

今天 jīntiān 명 오늘
晚上 wǎnshang 명 저녁, 밤
九 jiǔ 주 9, 아홉
点 diǎn 양 시(시간을 세는 단위)
到 dào 통 도착하다, 도달하다
北京 Běijīng 고유 베이징, 북경

009

男的比他右边的女的高。

Nán de bǐ tā yòubian de nǚ de gāo.

남자는 그의 오른쪽 여자보다 키가 크다.

男 nán 명 남자, 남성
比 bǐ 전 ~보다
右边 yòubian 명 오른쪽, 우측
女 nǚ 명 여자, 여성
高 gāo 형 (키가) 크다, (높이가) 높다

010

我等了你很长时间，你真慢。

Wǒ děng le nǐ hěn cháng shíjiān, nǐ zhēn màn.

나는 너를 매우 긴 시간 동안 기다렸어. 너는 정말 느리구나.

等 děng 통 기다리다
你 nǐ 때 너, 당신
很 hěn 부 매우, 아주
长 cháng 형 (시간이나 길이가) 길다
时间 shíjiān 명 시간
真 zhēn 부 정말(로), 참으로
慢 màn 형 느리다

011 请开一下门。

Qǐng kāi yíxià mén.

문 좀 열어 주세요.

请 qǐng [동] 상대에게 어떤 일을 부탁하거나 권할 때 쓰는 경어
开 kāi [동] (닫힌 것을) 열다
一下(儿) yíxià(r) [수량] 시험 삼아 해 보다, 좀 ~하다, 한번 ~하다
门 mén [명] 문

012 饭店的菜很好吃。

Fàndiàn de cài hěn hǎochī.

식당의 요리는 맛있다.

饭店 fàndiàn [명] 식당, 레스토랑, 호텔
菜 cài [명] 요리, 채소
好吃 hǎochī [형] 맛있다

013 我现在想喝热咖啡。

Wǒ xiànzài xiǎng hē rè kāfēi.

나는 지금 뜨거운 커피를 마시고 싶다.

★ POINT

想은 '~하고 싶다'라는 조동사 용법 외에도 '생각하다, 그리워하다'라는 의미의 동사적 용법도 있습니다.

现在 xiànzài [명] 지금, 현재
想 xiǎng [조동] ~하고 싶다
喝 hē [동] 마시다
热 rè [형] 뜨겁다, 덥다
咖啡 kāfēi [명] 커피

014 谁可以洗一下儿苹果?

Shéi kěyǐ xǐ yíxiàr píngguǒ?

누가 사과를 좀 씻어줄 수 있나요?

谁 shéi [대] 누가, 누구
可以 kěyǐ [조동] ~할 수 있다, ~해도 된다
洗 xǐ [동] 씻다
苹果 píngguǒ [명] 사과

015 这个学生的字写得非常好。

Zhège xuésheng de zì xiě de fēicháng hǎo.

이 학생의 글씨는 매우 잘 썼다.

学生 xuésheng [명] 학생
字 zì [명] 글씨, 글자
写 xiě [동] (글씨를) 쓰다
得 de [조] 동사와 보어 사이에 쓰임
好 hǎo [형] 좋다

016 丈夫给妻子打电话。

Zhàngfu gěi qīzi dǎ diànhuà.

남편이 아내에게 전화를 건다.

丈夫 zhàngfu [명] 남편
给 gěi [전·동] ~에게, ~을 위해, 주다
妻子 qīzi [명] 아내
打电话 dǎ diànhuà 전화를 걸다

017 我们坐出租车回家吧。

Wǒmen zuò chūzūchē huí jiā ba.

우리 택시를 타고 집에 돌아가자.

我们 wǒmen [대] 우리(들)
坐 zuò [동] (탈 것에) 타다, 앉다
出租车 chūzūchē [명] 택시
回 huí [동] 돌아가다, 돌아오다
家 jiā [명] 집
吧 ba [조] 제안·추측을 나타냄

018 这件衣服太大了。

Zhè jiàn yīfu tài dà le.

이 옷은 너무 크다.

★ POINT

부사 '太'는 습관적으로 문장 끝에 '了'를 사용합니다.

件 jiàn [양] 옷이나 일을 세는 단위
衣服 yīfu [명] 옷
太 tài [부] 너무
大 dà [형] 크다

019 儿子的房间里有电脑。

Érzi de fángjiān lǐ yǒu diànnǎo.

아들의 방 안에는 컴퓨터가 있다.

儿子 érzi [명] 아들
房间 fángjiān [명] 방
里 lǐ [명] 안, 속
电脑 diànnǎo [명] 컴퓨터

020 我想休息几分钟，喝一点儿水。

Wǒ xiǎng xiūxi jǐ fēnzhōng, hē yìdiǎnr shuǐ.

나는 몇 분 동안 휴식하고, 조금의 물을 마시고 싶다.

休息 xiūxi [명·동] 휴식(하다)
几 jǐ [대] 몇
分钟 fēnzhōng [양] 분
一点儿 yìdiǎnr [수량] 조금, 약간
水 shuǐ [명] 물

021 电影票多少钱?

Diànyǐng piào duōshao qián?

영화 표는 얼마입니까?

电影 diànyǐng 몡 영화
票 piào 몡 표
多少 duōshao 때 얼마, 몇
钱 qián 몡 돈

---

022 我想去商店买东西。

Wǒ xiǎng qù shāngdiàn mǎi dōngxi.

나는 상점에 가서 물건을 사고 싶다.

商店 shāngdiàn 몡 상점
买 mǎi 통 사다
东西 dōngxi 몡 물건, 물품

---

023 妈妈看了一个小时电视。

Māma kàn le yí ge xiǎoshí diànshì.

엄마는 한 시간 동안 텔레비전을 봤다.

妈妈 māma 몡 엄마
看 kàn 통 보다
一 yī ㈜ 1, 하나
小时 xiǎoshí 몡 시간
电视 diànshì 몡 텔레비전

---

024 我和弟弟都会说汉语。

Wǒ hé dìdi dōu huì shuō Hànyǔ.

나와 남동생은 모두 중국어를 할 줄 안다.

和 hé 전접 ~와(과)
弟弟 dìdi 몡 남동생
都 dōu 튀 모두, 다
会 huì 조동 ~할 줄 안다, ~할 수
　있다
说 shuō 통 말하다
汉语 Hànyǔ 고유 중국어

---

025 做完事情就去跳舞怎么样?

Zuò wán shìqing jiù qù tiàowǔ zěnmeyàng?

일을 다 하고 바로 춤을 추러 가는 게 어때요?

做 zuò 통 하다, (문제를) 풀다
完 wán 통 다하다, 없어지다,
　완성하다, 끝내다
事情 shìqing 몡 일
就 jiù 튀 바로, 곧
跳舞 tiàowǔ 이합 춤을 추다
怎么样 zěnmeyàng 때 어떻다,
　어떠하다

> ★ POINT
> 이합동사란 '동사+목적어' 구조로 된 단어를 뜻하며, 跳舞(춤을
> 추다), 睡觉(잠을 자다), 上班(출근하다) 등이 있습니다.

알고나면 쉬워지는 ☆ ★ ★ ☆
최은정의 시크릿 노트

1 조사 的
문장 004

- ~의: 주어나 목적어를 수식하는 관형어의 뒤에 쓰입니다.

  예 **这是我的书。** 이것은 나의 책이다.

- ~의 것, ~한 것: 뒤에 피수식어가 없는 상황에서 앞의 성분을 명사화합니다.

  예 **这是我的。** 이것은 나의 것이다.

2 동사 有
문장 006

- 주어가 사람일 때: 동사 **有**는 소유를 나타냅니다.

  예 **我有一个杯子。** 나는 한 개의 잔을 가지고 있다.

- 주어가 장소일 때: 동사 **有**는 존재를 나타냅니다.

  예 **这儿有一个杯子。** 여기 한 개의 잔이 있다.

3 동사 + 一下(儿)
문장 011

동사 + 一下(儿)은 '동작을 가볍게 시험 삼아 한번 해 본다'는 의미로 동사 중첩과 같은 뜻을 나타냅니다.

예 **看一下(儿) = 看(一)看** 한번 보다, 좀 보다

4 수사 '一'의 성조 변화
문장 020

- 수사 **一**는 단독으로 사용하거나 년, 월, 일을 표시할 때, 혹은 순서를 나타내는 경우 1성으로 발음합니다.

  예 **一、二、三······** yī、èr、sān······ 일, 이, 삼······

- 수사 **一** 뒤에 1, 2, 3성이 오는 경우 4성으로 발음합니다.

  예 **一点儿** yìdiǎnr 조금

- 수사 **一** 뒤에 4성이 오는 경우 2성으로 발음합니다.

  예 **一下** yíxià 한번 ~하다

写一写

☑ 우리말 해석을 보고 빈칸에 알맞은 중국어를 쓰세요.

01 딸은 과일 먹는 것을 매우 좋아한다.

    Nǚ'ér   ài   shuǐguǒ

☐☐ 非常 ☐☐ 吃 ☐☐。

02 오빠는 내일 오후 중국에 간다.

      míngtiān   Zhōngguó

哥哥 ☐☐ 下午去 ☐☐。

03 나는 목요일 오전에 공부하려고 한다.

      shàngwǔ   xuéxí

我星期四 ☐☐ 要 ☐☐。

04 그의 생일은 5월 8일이다.

      shēngrì   yuè   rì

他的 ☐☐ 是五 ☐☐ 八 ☐☐。

05 회사를 나가서 왼쪽으로 가면 기차역이다.

      gōngsī   zuǒbian   huǒchēzhàn

出了 ☐☐ 往 ☐☐ 走是 ☐☐。

🔍 **빠른 정답**

1 女儿非常爱吃水果。
2 哥哥明天下午去中国。
3 我星期四上午要学习。

4 他的生日是五月八日。
5 出了公司往左边走是火车站。

6 이곳에 3개의 잔이 있다.

　　　　　yǒu　　　　　　bēizi

这儿 ⬚⬚⬚⬚ 三个 ⬚⬚⬚⬚。

7 탁자 위에 두 권의 책이 있다.

　　Zhuōzi　　　　liǎng　　　běn

⬚⬚⬚⬚ 上有 ⬚⬚⬚⬚ ⬚⬚⬚⬚ 书。

8 나는 오늘 저녁 9시에 베이징에 도착한다.

　　　wǎnshang　　　diǎn　　　Běijīng

我今天 ⬚⬚⬚⬚ 九 ⬚⬚⬚⬚ 到 ⬚⬚⬚⬚。

9 남자는 그의 오른쪽 여자보다 키가 크다.

　　　　bǐ　　　　　　　nǚ　　　　gāo

男的 ⬚⬚⬚⬚ 他右边的 ⬚⬚⬚⬚ 的 ⬚⬚⬚⬚。

10 나는 너를 매우 긴 시간 동안 기다렸어. 너는 정말 느리구나.

　　　děng　　　　　　shíjiān　　　　màn

我 ⬚⬚⬚⬚ 了你很长 ⬚⬚⬚⬚，你真 ⬚⬚⬚⬚。

 빠른
정답

6 这儿有三个杯子。　　　　　　9 男的比他右边的女的高。
7 桌子上有两本书。　　　　　　10 我等了你很长时间，你真慢。
8 我今天晚上九点到北京。

11 문 좀 열어 주세요.

              kāi   mén

请 _____ 一下 _____。

12 식당의 요리는 맛있다.

                 cài   hǎochī

饭店的 _____ 很 _____。

13 나는 지금 뜨거운 커피를 마시고 싶다.

          xiànzài   hē   kāfēi

我 _____ 想 _____ 热 _____。

14 누가 사과를 좀 씻어줄 수 있나요?

          kěyǐ   xǐ   píngguǒ

谁 _____ _____ 一下儿 _____？

15 이 학생의 글씨는 매우 잘 썼다.

          xuésheng   xiě   hǎo

这个 _____ 的字 _____ 得非常 _____。

 빠른 정답

11 请开一下门。

12 饭店的菜很好吃。

13 我现在想喝热咖啡。

14 谁可以洗一下儿苹果?

15 这个学生的字写得非常好。

16 남편이 아내에게 전화를 건다.

    gěi   dǎ diànhuà
丈夫 ⬜⬜⬜ 妻子 ⬜⬜⬜⬜。

17 우리 택시를 타고 집에 돌아가자.

      zuò   chūzūchē
我们 ⬜⬜⬜ ⬜⬜⬜ 回家吧。

18 이 옷은 너무 크다.

    yīfu   dà
这件 ⬜⬜⬜ 太 ⬜⬜⬜ 了。

19 아들의 방 안에는 컴퓨터가 있다.

 Érzi   fángjiān   diànnǎo
⬜⬜⬜ 的 ⬜⬜⬜ 里有 ⬜⬜⬜。

20 나는 몇 분 동안 휴식하고, 조금의 물을 마시고 싶다.

     xiūxi   fēnzhōng   hē   shuǐ
我想 ⬜⬜⬜ 几 ⬜⬜⬜，⬜⬜⬜ 一点儿 ⬜⬜⬜。

🔍 빠른
   정답

16 丈夫给妻子打电话。
17 我们坐出租车回家吧。
18 这件衣服太大了。

19 儿子的房间里有电脑。
20 我想休息几分钟，喝一点儿水。

21 영화 표는 얼마입니까?

Diànyǐng   qián

_____ 票多少 _____?

22 나는 상점에 가서 물건을 사고 싶다.

shāngdiàn   mǎi   dōngxi

我想去 _____ _____ _____。

23 엄마는 한 시간 동안 텔레비전을 봤다.

Māma   kàn   diànshì

_____ _____ 了一个小时 _____。

24 나와 남동생은 모두 중국어를 할 줄 안다.

dìdi   shuō   Hànyǔ

我和 _____ 都会 _____ _____。

25 일을 다 하고 바로 춤을 추러 가는 게 어때요?

tiàowǔ   zěnmeyàng

做完事情就去 _____ _____?

🔍 **빠른 정답**

21 电影票多少钱?
22 我想去商店买东西。
23 妈妈看了一个小时电视。

24 我和弟弟都会说汉语。
25 做完事情就去跳舞怎么样?

UNIT 02

유닛 학습 단어 119
학습 누적 단어 220
최종 목표 단어 300

说一说

TRACK 1,2-06

026 A: 先生，对不起。
Xiānsheng, duìbuqǐ.
선생님, 죄송합니다.

B: 没关系。
Méi guānxi.
괜찮습니다.

先生 xiānsheng [명] 선생, 씨(성인 남자에 대한 존칭)
对不起 duìbuqǐ [동] 미안합니다
没关系 méi guānxi 괜찮다, 문제없다

027 爸爸正在读报纸呢。
Bàba zhèngzài dú bàozhǐ ne.
아빠는 마침 신문을 읽고 있는 중이다.

★ POINT
呢는 동작이나 상태의 지속을 나타낼 때 외에도 앞에 나왔던 문장을 되물을 때도 사용합니다.

爸爸 bàba [명] 아빠
正在 zhèngzài [부] 마침 (~하고 있는 중이다)
读 dú [동] 읽다
报纸 bàozhǐ [명] 신문
呢 ne [조] 동작 · 상태의 진행을 나타냄

028 你晚上吃得太多了。
Nǐ wǎnshang chī de tài duō le.
당신 저녁에 너무 많이 먹었어요.

你 nǐ [대] 너, 당신
晚上 wǎnshang [명] 저녁, 밤
吃 chī [동] 먹다
得 de [조] 동사와 보어 사이에 쓰임
太 tài [부] 너무
多 duō [형] 많다

029 西瓜很便宜，卖得很快。
Xīguā hěn piányi, mài de hěn kuài.
수박이 싸서 빠르게 팔린다.

西瓜 xīguā [명] 수박
很 hěn [부] 매우, 아주
便宜 piányi [형] (값이) 싸다
卖 mài [동] 팔다, 판매하다
快 kuài [형·부] 빠르다, 빨리, 어서

030 这个手表一千六百零二块。
Zhège shǒubiǎo yìqiān liùbǎi líng èr kuài.
이 손목시계는 1602위안이다.

这 zhè [대] 이(것)
个 ge [양] 개, 명
手表 shǒubiǎo [명] 손목시계
一 yī [수] 1, 하나 | 千 qiān [수] 천
六 liù [수] 6, 여섯 | 百 bǎi [수] 백
零 líng [수] 0, 영 | 二 èr [수] 2, 둘
块 kuài [양] 위안(중국의 화폐 단위)

031 认识你我也很高兴。

Rènshi nǐ wǒ yě hěn gāoxìng.

당신을 알게 되어 저도 기쁩니다.

认识 rènshi [동] (사람끼리 서로) 알다
我 wǒ [대] 나, 저
也 yě [부] ~도, 또한
高兴 gāoxìng [형] 기쁘다, 즐겁다

032 你几点去机场坐飞机?

Nǐ jǐ diǎn qù jīchǎng zuò fēijī?

당신은 몇 시에 공항으로 가서 비행기를 탑니까?

几 jǐ [대] 몇
点 diǎn [양] 시(시간을 세는 단위)
去 qù [동] 가다
机场 jīchǎng [명] 공항, 비행장
坐 zuò [동] (탈 것에) 타다, 앉다
飞机 fēijī [명] 비행기

033 您知道他做什么工作吗?

Nín zhīdào tā zuò shénme gōngzuò ma?

당신은 그가 무슨 일을 하는지 아세요?

您 nín [대] 당신('你'를 높여 부르는 말)
知道 zhīdào [동] 알다
他 tā [대] 그
做 zuò [동] 하다, (문제를) 풀다
什么 shénme [대] 무슨, 무엇
工作 gōngzuò [명] 일, 업무, 직업
吗 ma [조] 평서문 뒤에 쓰여 의문을 나타냄

034 因为我很累，所以想睡觉。

Yīnwèi wǒ hěn lèi, suǒyǐ xiǎng shuìjiào.

나는 피곤해서 잠을 자고 싶다.

因为…所以… yīnwèi…suǒyǐ… [접] ~때문에, 그래서~
累 lèi [형] 피곤하다, 지치다
想 xiǎng [조동] ~하고 싶다
睡觉 shuìjiào [이합] 잠을 자다

035 他笑着问了我一个问题。

Tā xiào zhe wèn le wǒ yí ge wèntí.

그는 웃으면서 나에게 한 가지 질문을 했다.

笑 xiào [동] 웃다
着 zhe [조] ~하면서, ~한 채로, ~하고 있다, ~하고 있는 중이다
问 wèn [동] 질문하다, 묻다
了 le [조] 동사 뒤에서 완료를 나타내거나 문장 끝에 쓰여 변화를 나타냄
问题 wèntí [명] 질문, 문제

1-2급 | 3급 | 4급 | 플러스 단어장

036 医院离学校不远。

Yīyuàn lí xuéxiào bù yuǎn.

병원은 학교에서 멀지 않다.

★ POINT
离는 '~에서, ~로부터'라는 의미로 공간적, 시간적 거리를 나타냅니다.

医院 yīyuàn 몡 병원
离 lí 전 ~에서, ~로부터
学校 xuéxiào 몡 학교
不 bù 뷰 주로 동사나 형용사 앞에
　쓰여 부정을 나타냄
远 yuǎn 혱 멀다

---

037 你朋友叫什么名字?

Nǐ péngyou jiào shénme míngzi?

당신 친구는 이름이 뭐예요?

朋友 péngyou 몡 친구
叫 jiào 동 (이름이) ~이다, ~라고
　하다
名字 míngzi 몡 이름

---

038 老师让同学们进教室。

Lǎoshī ràng tóngxué men jìn jiàoshì.

선생님은 반 학생들로 하여금 교실에 들어오게 했다.

老师 lǎoshī 몡 선생님
让 ràng 동 ~로 하여금 ~하게
　하다
同学 tóngxué 몡 반 학생, 반
　친구, 학우
进 jìn 동 들어오다, 들어가다
教室 jiàoshì 몡 교실

---

039 我的小狗呢?它在哪儿?

Wǒ de xiǎo gǒu ne? Tā zài nǎr?

나의 강아지는요? 그것은 어디에 있나요?

★ POINT
它는 '그(것), 저(것)'라는 의미로 사람 이외의 것을 가리킬 때 사용합니다.

的 de 조 ~의
小 xiǎo 혱 (크기가) 작다, (나이가)
　어리다
狗 gǒu 몡 개
它 tā 대 그(것), 저(것)
在 zài 동전 ~에 있다, ~에(서)
哪儿 nǎr 대 어디

---

040 我在找离火车站最近的路。

Wǒ zài zhǎo lí huǒchēzhàn zuì jìn de lù.

나는 기차역에서 가장 가까운 길을 찾고 있는 중이다.

找 zhǎo 동 찾다
火车站 huǒchēzhàn 몡 기차역
最 zuì 뷰 가장
近 jìn 혱 가깝다
路 lù 몡 길, 도로

041 家里没有鸡蛋了。

Jiā lǐ méiyǒu jīdàn le.

집에 계란이 떨어졌어요.

家 jiā 똉 집
里 lǐ 똉 속, 안
没有 méiyǒu 동 없다
鸡蛋 jīdàn 똉 계란, 달걀

★ POINT

여기에서 了는 문장 끝에 쓰여 변화를 나타냅니다.

예 没有鸡蛋了。계란이 떨어졌다.

　　　（원래 계란이 있었으나 다 떨어진 상황）

예 我好了。나는 좋아졌다.（원래 좋지 않았으나 좋아진 상황）

---

042 米饭比面条儿好吃。

Mǐfàn bǐ miàntiáor hǎochī.

쌀밥이 국수보다 맛있다.

米饭 mǐfàn 똉 (쌀)밥
比 bǐ 전 ~보다
面条(儿) miàntiáo(r) 똉 국수
好吃 hǎochī 혱 맛있다

---

043 你怎么不懂我的意思?

Nǐ zěnme bù dǒng wǒ de yìsi?

너는 어째서 내 뜻을 이해하지 못하니?

怎么 zěnme 떼 어째서, 왜,
　　　어떻게
懂 dǒng 동 이해하다
意思 yìsi 똉 뜻, 의미

★ POINT

怎么는 '어째서, 왜, 어떻게'라는 의미로 원인, 상황, 방식 등을 물을 때 사용합니다.

---

044 猫在我的旁边吃鱼。

Māo zài wǒ de pángbiān chī yú.

고양이는 나의 옆에서 생선을 먹는다.

猫 māo 똉 고양이
旁边 pángbiān 똉 옆, 곁
鱼 yú 똉 생선, 물고기

---

045 我从这个月十号开始上班。

Wǒ cóng zhège yuè shí hào kāishǐ shàngbān.

나는 이번 달 10일부터 출근하기 시작한다.

从 cóng 전 ~로부터
月 yuè 똉 달, 월
十 shí 쥔 10, 열
号 hào 똉 일(날짜를 나타냄)
开始 kāishǐ 동 시작하다
上班 shàngbān 이합 출근하다

★ POINT

从은 '~로부터'라는 의미로 시간이나 장소의 출발점을 나타냅니다.

046

A: 谢谢 你 帮助 我。

Xièxie nǐ bāngzhù wǒ.

당신이 나를 도와줘서 감사해요.

B: 不客气。

Bú kèqi.

천만에요.

谢谢 xièxie 통 감사합니다,
고맙습니다
帮助 bāngzhù 통 돕다
不客气 bú kèqi 천만에요,
별말씀을요

047

妹妹 的 眼睛 真 漂亮。

Mèimei de yǎnjing zhēn piàoliang.

여동생의 눈은 정말 예쁘다.

妹妹 mèimei 명 여동생
眼睛 yǎnjing 명 눈
真 zhēn 부 정말(로), 참으로
漂亮 piàoliang 형 예쁘다,
아름답다

048

姐姐 每年 都去 旅游。

Jiějie měi nián dōu qù lǚyóu.

언니는 매년 모두 여행하러 간다.

姐姐 jiějie 명 언니, 누나
每 měi 대 매, ~마다
年 nián 명 년, 해
都 dōu 부 모두, 다
旅游 lǚyóu 통 여행하다

★ POINT

每는 '매, ~마다'라는 의미로 예외가 없음을 나타내며, 주로 부사
'都'와 함께 쓰입니다.

049

那个 孩子 已经 七 岁 了。

Nàge háizi yǐjing qī suì le.

그 아이는 이미 7살이 되었다.

那 nà 대 그(것), 저(것)
孩子 háizi 명 아이, 자녀
已经 yǐjing 부 이미, 벌써
七 qī 수 7, 일곱
岁 suì 명 살, 세(나이를 세는 단위)

050

她 还 没有 开始 唱歌。

Tā hái méiyǒu kāishǐ chànggē.

그녀는 아직 노래를 시작하지 않았다.

她 tā 대 그녀
还 hái 부 아직(도), 여전히
唱歌 chànggē 이합 노래를
부르다

최은정의 시크릿 노트 ★ ★ ★

1 동작의 진행, 지속을 나타내는 표현 〔문장 027〕

$$
주어 + \begin{matrix} 正 \\ 在 \\ 正在 \end{matrix} + 동사 + 着……呢。
$$

예 我正在看着书呢。 나는 마침 책을 읽고 있는 중이다.

*여기에서 '呢'는 진행을 강조하는 역할을 함

2 숫자 '0' 읽는 방법 〔문장 030〕

• 가운데에 있는 '0'은 반드시 읽어야 합니다.

　예 1306: 一千三百零六

• 끝자리에 있는 '0'은 읽지 않습니다.

　예 1360: 一千三百六十　*'十'는 생략하여 一千三百六라고 읽어도 무방함

3 동태조사 着 〔문장 035〕

동태조사 着는 동사 뒤에 쓰여 동작의 지속을 나타내며, '동사1 + 着 + 동사2' 형태로 쓰이게 되면 '동사1하면서 동사2하다'라는 뜻을 나타냅니다.

예 他看着书吃饭。 그는 책을 보면서 밥을 먹는다.
　　동사1　　동사2

4 목적어를 두 개 가질 수 있는 동사 〔문장 035〕

$$
주어 + 동사 + 간접목적어 + 직접목적어
$$

　　　　　问　　　(~에게)　　(~을/를)
　　　　　给
　　　　　教
　　　　　告诉

예 他问了　我　　一个问题。 그는 나에게 한 가지 질문을 했다.
　　　　간접목적어　직접목적어

예 他给了　我　　一本书。 그는 나에게 한 권의 책을 주었다.
　　　　간접목적어　직접목적어

32 문장으로 끝내는 HSK 단어장 1-4급

写一写

◈ 우리말 해석을 보고 빈칸에 알맞은 중국어를 쓰세요.

26 선생님, 죄송합니다.

　　　　　　　　duìbuqǐ
A: 先生, ◻◻◻◻。

괜찮습니다.

　　　Méi guānxi
B: ◻◻◻◻◻。

27 아빠는 마침 신문을 읽고 있는 중이다.

　　　　　　　dú　　　bàozhǐ
爸爸正在 ◻◻◻ ◻◻◻◻ 呢。

28 당신 저녁에 너무 많이 먹었어요.

　　wǎnshang　　chī　　　　duō
你 ◻◻◻◻ ◻◻◻ 得太 ◻◻◻ 了。

29 수박이 싸서 빠르게 팔린다.

　Xīguā　　　piányi　　　　　kuài
◻◻◻ 很 ◻◻◻, 卖得很 ◻◻◻。

30 이 손목시계는 1602위안이다.

　　　　shǒubiǎo　　qiān　　　　bǎi　　　　kuài
这个 ◻◻◻◻ 一 ◻◻◻ 六 ◻◻◻ 零二 ◻◻◻。

**빠른
정답**

26 A: 先生, 对不起。
　　B: 没关系。
27 爸爸正在读报纸呢。

28 你晚上吃得太多了。
29 西瓜很便宜, 卖得很快。
30 这个手表一千六百零二块。

31 당신을 알게 되어 저도 기쁩니다.

Rènshi   gāoxìng

　　　　　　你我也很　　　　　　。

32 당신은 몇 시에 공항으로 가서 비행기를 탑니까?

jīchǎng   fēijī

你几点去　　　　　坐　　　　　?

33 당신은 그가 무슨 일을 하는지 아세요?

zhīdào   zuò   gōngzuò

您　　　　他　　　　什么　　　　吗?

34 나는 피곤해서 잠을 자고 싶다.

Yīnwèi   suǒyǐ   shuìjiào

　　　　我很累，　　　　想　　　　。

35 그는 웃으면서 나에게 한 가지 질문을 했다.

xiào   wèn   wèntí

他　　　　着　　　　了我一个　　　　。

 빠른 정답
31 认识你我也很高兴。　　　　34 因为我很累，所以想睡觉。
32 你几点去机场坐飞机?　　　　35 他笑着问了我一个问题。
33 您知道他做什么工作吗?

36 병원은 학교에서 멀지 않다.

Yīyuàn　　xuéxiào

＿＿＿ 离 ＿＿＿ 不远。

37 당신 친구는 이름이 뭐예요?

jiào　　　míngzi

你朋友 ＿＿＿ 什么 ＿＿＿？

38 선생님은 반 학생들로 하여금 교실에 들어오게 했다.

Lǎoshī　　tóngxué　　jiàoshì

＿＿＿ 让 ＿＿＿ 们进 ＿＿＿。

39 나의 강아지는요? 그것은 어디에 있나요?

zài　　　nǎr

我的小狗呢? 它 ＿＿＿ ＿＿＿？

40 나는 기차역에서 가장 가까운 길을 찾고 있는 중이다.

lí　　huǒchēzhàn　　jìn

我在找 ＿＿＿ ＿＿＿ 最 ＿＿＿ 的路。

 빠른 정답

36　医院离学校不远。
37　你朋友叫什么名字？
38　老师让同学们进教室。

39　我的小狗呢? 它在哪儿？
40　我在找离火车站最近的路。

41 집에 계란이 떨어졌어요.

          méiyǒu   jīdàn

家里 ☐☐☐☐☐ ☐☐☐☐☐ 了。

42 쌀밥이 국수보다 맛있다.

     Mǐfàn   hǎochī

☐☐☐☐☐ 比面条儿 ☐☐☐☐☐。

43 너는 어째서 내 뜻을 이해하지 못하니?

          dǒng   yìsi

你怎么不 ☐☐☐☐ 我的 ☐☐☐☐ ?

44 고양이는 나의 옆에서 생선을 먹는다.

    Māo   pángbiān   yú

☐☐☐☐ 在我的 ☐☐☐☐ 吃 ☐☐☐☐。

45 나는 이번 달 10일부터 출근하기 시작한다.

     cóng   kāishǐ   shàngbān

我 ☐☐☐☐ 这个月十号 ☐☐☐☐☐。

빠른 정답

41 家里没有鸡蛋了。   44 猫在我的旁边吃鱼。

42 米饭比面条儿好吃。   45 我从这个月十号开始上班。

43 你怎么不懂我的意思?

46 당신이 나를 도와줘서 감사해요.

      Xièxie   bāngzhù

A: ⬜⬜⬜ 你 ⬜⬜⬜ 我。

천만에요.

      Bú kèqi

B: ⬜⬜⬜。

47 여동생의 눈은 정말 예쁘다.

        yǎnjing   piàoliang

妹妹的 ⬜⬜⬜ 真 ⬜⬜⬜。

48 언니는 매년 모두 여행하러 간다.

     Jiějie   lǚyóu

⬜⬜⬜ 每年都去 ⬜⬜⬜。

49 그 아이는 이미 7살이 되었다.

      háizi   yǐjing

那个 ⬜⬜⬜ ⬜⬜⬜ 七岁了。

50 그녀는 아직 노래를 시작하지 않았다.

       kāishǐ   chànggē

她还没有 ⬜⬜⬜ ⬜⬜⬜。

빠른 정답

46 A: 谢谢 你帮助我。
     B: 不客气。

47 妹妹的眼睛真漂亮。

48 姐姐每年都去旅游。

49 那个孩子已经七岁了。

50 她还没有开始唱歌。

UNIT 03

유닛 학습 단어	113
학습 누적 단어	300
최종 목표 단어	300

 说一说

🎧 TRACK 1,2-11

---

051 ✓
小姐，请您喝茶。
Xiǎojiě, qǐng nín hē chá.
아가씨, 차를 마시세요.

小姐 xiǎojiě 몡 아가씨, ~양
请 qǐng 동 상대에게 어떤 일을 부탁하거나 권할 때 쓰는 경어
您 nín 때 당신('你'를 높여 부르는 말)
喝 hē 동 마시다 | 茶 chá 몡 차

052
我做错了哪些题?
Wǒ zuò cuò le nǎxiē tí?
제가 어떤 문제를 틀리게 풀었나요?

我 wǒ 때 나, 저
做 zuò 동 (문제를) 풀다, 하다
错 cuò 몡 틀리다, 맞지 않다
了 le 조 동사 뒤에서 완료를 나타내거나 문장 끝에 쓰여 변화를 나타냄
哪 nǎ 때 어떤, 어느
些 xiē 양 약간, 조금
题 tí 몡 문제

053
大家准备一起踢足球。
Dàjiā zhǔnbèi yìqǐ tī zúqiú.
모두들 함께 축구를 할 계획이다.

大家 dàjiā 때 모두
准备 zhǔnbèi 동 ~할 계획이다, ~하려고 하다, 준비하다
一起 yìqǐ 부 함께, 같이
踢足球 tī zúqiú 축구를 하다

054
昨天下雨了，天气很冷。
Zuótiān xiàyǔ le, tiānqì hěn lěng.
어제 비가 와서 날씨가 춥다.

昨天 zuótiān 몡 어제
下雨 xiàyǔ 이합 비가 오다, 비가 내리다
天气 tiānqì 몡 날씨
很 hěn 부 매우, 아주
冷 lěng 몡 춥다

055
快起床，去外面打篮球吧!
Kuài qǐchuáng, qù wàimiàn dǎ lánqiú ba!
빨리 일어나서, 밖에 가서 농구 하자!

★ POINT
外는 外面이나 外边의 형태로 쓰여, '바깥쪽'을 나타냅니다.

快 kuài 부형 빨리, 어서, 빠르다
起床 qǐchuáng 이합 일어나다, 기상하다
去 qù 동 가다
外 wài 몡 밖, 바깥
打篮球 dǎ lánqiú 농구를 하다
吧 ba 조 제안·추측을 나타냄

1-2급 3급 4급 플러스 단어장

056

我 去年 学 过 游泳。
Wǒ qùnián xué guo yóuyǒng.
나는 작년에 수영을 배운 적이 있다.

去年 qùnián 명 작년, 지난 해
过 guo 조 ~한 적이 있다
游泳 yóuyǒng 명·이합 수영(하다)

★ POINT
过는 '~한 적이 있다'라는 의미로 동사 뒤에서 경험을 나타냅니다.

057

中午 跑步 的 人 很 少。
Zhōngwǔ pǎobù de rén hěn shǎo.
정오에는 조깅하는 사람이 적다.

中午 zhōngwǔ 명 정오
跑步 pǎobù 이합 조깅하다, 달리기하다
的 de 조 ~하는
人 rén 명 사람
少 shǎo 형 적다

058

手机 可能 在 椅子 下面。
Shǒujī kěnéng zài yǐzi xiàmiàn.
휴대 전화는 아마 의자 아래쪽에 있을 것이다.

手机 shǒujī 명 휴대 전화
可能 kěnéng 부 아마(도)
在 zài 동·전 ~에 있다, ~에(서)
椅子 yǐzi 명 의자
下 xià 명 아래, 밑, 다음, 나중

★ POINT
下는 下面이나 下边의 형태로 쓰여, '아래쪽'을 나타냅니다.

059

再见，下 次 再 来 玩儿 吧。
Zàijiàn, xià cì zài lái wánr ba.
안녕히 가세요. 다음 번에 또 놀러 오세요.

再见 zàijiàn 통 안녕히 가세요 (계세요), 또 만나요
次 cì 양 번
再 zài 부 또, 다시
来 lái 동 오다
玩(儿) wán(r) 동 놀다

060

我 喜欢 的 颜色 是 红色 和 黑色。
Wǒ xǐhuan de yánsè shì hóngsè hé hēisè.
내가 좋아하는 색깔은 빨간색과 검은색이다.

喜欢 xǐhuan 동 좋아하다
颜色 yánsè 명 색(깔)
是 shì 동 ~이다
红 hóng 형 빨갛다, 붉다
和 hé 전·접 ~와(과)
黑 hēi 형 검다, 까맣다

061 我希望能看见白雪。
Wǒ xīwàng néng kànjiàn bái xuě.
나는 흰 눈을 볼 수 있기를 희망합니다.

希望 xīwàng 图 희망하다
能 néng 조동 ~할 수 있다, ~해도 된다
看见 kànjiàn 图 보다, 보이다
白 bái 图 희다, 하얗다
雪 xuě 图 눈

062 听课的时候别说话。
Tīng kè de shíhou bié shuōhuà.
수업을 들을 때는 말하지 마세요.

听 tīng 图 듣다
课 kè 图 수업, 강의
时候 shíhou 图 때, 무렵
别 bié 图 ~하지 마라
说话 shuōhuà 이합 말하다, 이야기하다

063 你生病了，快吃药吧。
Nǐ shēngbìng le, kuài chī yào ba.
당신은 병이 났으니, 빨리 약을 먹도록 해요.

生病 shēngbìng 이합 병이 나다
吃 chī 图 먹다
药 yào 图 약

064 我觉得运动对身体很好。
Wǒ juéde yùndòng duì shēntǐ hěn hǎo.
나는 운동이 몸에 좋다고 생각한다.

觉得 juéde 图 ~라고 생각하다, ~라고 여기다(느끼다)
运动 yùndòng 명·동 운동(하다)
对 duì 전 ~에게, ~에 대하여
身体 shēntǐ 图 몸, 신체, 건강
好 hǎo 图 좋다

065 在学校后面能坐公共汽车。
Zài xuéxiào hòumiàn néng zuò gōnggòng qìchē.
학교 뒤쪽에서 버스를 탈 수 있다.

在 zài 전동 ~에(서), ~에 있다
学校 xuéxiào 图 학교
后面 hòumiàn 图 뒤쪽, 뒷면
坐 zuò 图 (탈 것에) 타다, 앉다
公共汽车 gōnggòng qìchē 图 버스

066 喂，是王医生对吗？

Wéi, shì Wáng yīshēng duì ma?

여보세요, 왕 선생님이시죠. 맞나요?

喂 wéi [감탄] (전화상에서) 여보세요
医生 yīshēng [명] 의사
对 duì [형] 맞다, 옳다
吗 ma [조] 평서문 뒤에 쓰여 의문을 나타냄

067 羊肉为什么这么贵？

Yángròu wèishénme zhème guì?

양고기는 왜 이렇게 비싼가요?

羊肉 yángròu [명] 양고기
为什么 wèi shénme [대] 왜, 어째서
贵 guì [형] (값이) 비싸다

068 我住在前面的宾馆。

Wǒ zhù zài qiánmiàn de bīnguǎn.

나는 앞쪽의 호텔에 숙박한다.

住 zhù [동] 숙박하다, 살다, 거주하다
前面 qiánmiàn [명] 앞쪽, 앞면
宾馆 bīnguǎn [명] 호텔

069 虽然我很忙，但是我很快乐。

Suīrán wǒ hěn máng, dànshì wǒ hěn kuàilè.

비록 나는 바쁘지만, 나는 즐겁다.

虽然…但是… suīrán…dànshì… [접] 비록 ~이지만, 그러나~
忙 máng [형] 바쁘다
快乐 kuàilè [형] 즐겁다, 유쾌하다

070 妹妹穿着一件新衣服。

Mèimei chuān zhe yí jiàn xīn yīfu.

여동생은 한 벌의 새 옷을 입고 있다.

妹妹 mèimei [명] 여동생
穿 chuān [동] (옷을) 입다
着 zhe [조] ~하고 있다, ~하고 있는 중이다, ~하면서, ~한 채로
件 jiàn [양] 옷이나 일을 세는 단위
新 xīn [형] 새, 새로운, 새롭다
衣服 yīfu [명] 옷

071 我介绍一下儿，她姓王。
Wǒ jièshào yíxiàr, tā xìng Wáng.
제가 소개 좀 하겠습니다. 그녀는 성이 왕입니다.

介绍 jièshào (동) 소개하다
一下(儿) yíxià(r) (수량) 시험 삼아 해 보다, 좀 ~하다, 한번 ~하다
她 tā (대) 그녀
姓 xìng (명·동) 성(이 ~이다)

---

072 哥哥送了我新铅笔。
Gēge sòng le wǒ xīn qiānbǐ.
오빠는 나에게 새 연필을 선물했다.

哥哥 gēge (명) 오빠, 형
送 sòng (동) 선물하다, 주다
铅笔 qiānbǐ (명) 연필

---

073 她每次考试都是第一。
Tā měi cì kǎoshì dōu shì dì-yī.
그녀는 매번 시험에서 다 1등이다.

每 měi (대) 매, ~마다
考试 kǎoshì (명·동) 시험(하다)
都 dōu (부) 모두, 다
第一 dì-yī (수) 제1, 첫 (번)째, 맨 처음

---

074 早上是阴天，下午是晴天。
Zǎoshang shì yīn tiān, xiàwǔ shì qíng tiān.
아침은 흐린 날씨이고, 오후는 맑은 날씨이다.

早上 zǎoshang (명) 아침
阴 yīn (형) 흐리다
下午 xiàwǔ (명) 오후
晴 qíng (형) 맑다

---

075 服务员告诉我牛奶卖完了。
Fúwùyuán gàosu wǒ niúnǎi mài wán le.
종업원은 나에게 우유가 다 팔렸다고 알려주었다.

服务员 fúwùyuán (명) 종업원
告诉 gàosu (동) 알리다, 말하다
牛奶 niúnǎi (명) 우유
卖 mài (동) 팔다, 판매하다
完 wán (동) 다하다, 없어지다, 완성하다, 끝내다

1 동태조사 了, 着, 过
문장 052

了	완료를 나타냄 예 他看了很长时间。 그는 오랫동안 봤다.
着	지속을 나타냄 예 他看着一本书。 그는 책 한 권을 보고 있다.
过	경험을 나타냄 예 他看过这本书。 그는 이 책을 본 적이 있다.

2 准备의 용법
문장 053

· 准备 + 명사 : 준비하다

　예 我在准备晚饭。 나는 저녁밥을 준비하고 있다.
　　　　　　명사

· 准备 + 동사 : ~할 계획이다, ~하려고 하다

　예 我准备去中国。 나는 중국에 갈 계획이다.
　　　　명사

3 어기조사 吧
문장 055

· 제안을 나타냅니다.

　예 我们一起吃饭吧。 우리 같이 밥 먹어요.

· 추측을 나타냅니다.

　예 你是中国人吧? 당신은 중국인이죠?

4 '时候'를 이용한 표현
문장 062

· …的时候: ~할 때

　예 我小的时候去过中国。 나는 어렸을 때 중국에 가본 적이 있다.

· 什么时候: 언제

　예 你什么时候去中国? 당신은 언제 중국에 가나요?

写一写

☑ 우리말 해석을 보고 빈칸에 알맞은 중국어를 쓰세요.

51 아가씨, 차를 마시세요.

   Xiǎojiě   hē   chá

⬚⬚⬚，请您 ⬚⬚⬚ ⬚⬚⬚。

52 제가 어떤 문제를 틀리게 풀었나요?

         zuò   cuò   tí

我 ⬚⬚⬚ ⬚⬚⬚ 了哪些 ⬚⬚⬚？

53 모두들 함께 축구를 할 계획이다.

         zhǔnbèi   tī zúqiú

大家 ⬚⬚⬚ 一起 ⬚⬚⬚。

54 어제 비가 와서 날씨가 춥다.

         xiàyǔ   tiānqì   lěng

昨天 ⬚⬚⬚ 了，⬚⬚⬚ 很 ⬚⬚⬚。

55 빨리 일어나서, 밖에 가서 농구하자!

         qǐchuáng   dǎ lánqiú

快 ⬚⬚⬚，去外面 ⬚⬚⬚ 吧!

 빠른 정답

51 小姐，请您喝茶。
52 我做错了哪些题？
53 大家准备一起踢足球。

54 昨天下雨了，天气很冷。
55 快起床，去外面打篮球吧!

56 나는 작년에 수영을 배운 적이 있다.

qùnián   yóuyǒng

我 ⬜⬜⬜ 学过 ⬜⬜⬜。

57 정오에는 조깅하는 사람이 적다.

pǎobù   rén   shǎo

中午 ⬜⬜⬜ 的 ⬜⬜⬜ 很 ⬜⬜⬜。

58 휴대 전화는 아마 의자 아래쪽에 있을 것이다.

Shǒujī   yǐzi

⬜⬜⬜ 可能在 ⬜⬜⬜ 下面。

59 안녕히 가세요. 다음 번에 또 놀러 오세요.

Zàijiàn   wánr

⬜⬜⬜, 下次再来 ⬜⬜⬜ 吧。

60 내가 좋아하는 색깔은 빨간색과 검은색이다.

xǐhuan   yánsè   hóng   hēi

我 ⬜⬜⬜ 的 ⬜⬜⬜ 是 ⬜⬜⬜ 色和 ⬜⬜⬜ 色。

 빠른 정답

56 我去年学过游泳。
57 中午跑步的人很少。
58 手机可能在椅子下面。

59 再见，下次再来玩儿吧。
60 我喜欢的颜色是红色和黑色。

61 나는 흰 눈을 볼 수 있기를 희망합니다.

　　　　xīwàng　　　kànjiàn　　　xuě

我 ＿＿＿＿ 能 ＿＿＿＿ 白 ＿＿＿＿。

62 수업을 들을 때는 말하지 마세요.

　　Tīng　　　kè　　　　bié　　shuōhuà

＿＿＿＿ ＿＿＿＿ 的时候 ＿＿＿＿ ＿＿＿＿。

63 당신은 병이 났으니, 빨리 약을 먹도록 해요.

　　　shēngbìng　　　chī　　yào

你 ＿＿＿＿ 了，快 ＿＿＿＿ ＿＿＿＿ 吧。

64 나는 운동이 몸에 좋다고 생각한다.

　　　　yùndòng　　shēntǐ　　hǎo

我觉得 ＿＿＿＿ 对 ＿＿＿＿ 很 ＿＿＿＿。

65 학교 뒤쪽에서 버스를 탈 수 있다.

　　　　　　zuò　　gōnggòng qìchē

在学校后面能 ＿＿＿＿ ＿＿＿＿。

 빠른 정답

61 我希望能看见白雪。
62 听课的时候别说话。
63 你生病了，快吃药吧。

64 我觉得运动对身体很好。
65 在学校后面能坐公共汽车。

66 여보세요, 왕 선생님이시죠. 맞나요?

Wéi   yīshēng

[　　　], 是王 [　　　] 对吗?

67 양고기는 왜 이렇게 비싼가요?

wèishénme   guì

羊肉 [　　　] 这么 [　　　]?

68 나는 앞쪽의 호텔에 숙박한다.

zhù   qiánmiàn   bīnguǎn

我 [　　　] 在 [　　　] 的 [　　　]。

69 비록 나는 바쁘지만, 그러나 나는 즐겁다.

Suīrán   máng   dànshì

[　　　] 我很 [　　　], [　　　] 我很快乐。

70 여동생은 한 벌의 새 옷을 입고 있다.

chuān   jiàn   yīfu

妹妹 [　　　] 着一 [　　　] 新 [　　　]。

빠른 정답

66 喂，是王医生对吗?
67 羊肉为什么这么贵?
68 我住在前面的宾馆。

69 虽然我很忙，但是我很快乐。
70 妹妹穿着一件新衣服。

71 제가 소개 좀 하겠습니다. 그녀는 성이 왕입니다.

jièshào   xìng

我 ⬚⬚⬚⬚ 一下儿，她 ⬚⬚⬚⬚ 王。

72 오빠는 나에게 새 연필을 선물했다.

Gēge   sòng   qiānbǐ

⬚⬚⬚⬚ ⬚⬚⬚⬚ 了我新 ⬚⬚⬚⬚。

73 그녀는 매번 시험에서 다 1등이다.

kǎoshì   dì-yī

她每次 ⬚⬚⬚⬚ 都是 ⬚⬚⬚⬚。

74 아침은 흐린 날씨이고, 오후는 맑은 날씨이다.

Zǎoshang   xiàwǔ

⬚⬚⬚⬚ 是阴天，⬚⬚⬚⬚ 是晴天。

75 종업원은 나에게 우유가 다 팔렸다고 알려주었다.

Fúwùyuán   gàosu   niúnǎi

⬚⬚⬚⬚ ⬚⬚⬚⬚ 我 ⬚⬚⬚⬚ 卖完了。

🔍 **빠른 정답**

71 我**介绍**一下儿，她**姓**王。   74 **早上**是阴天，**下午**是晴天。

72 **哥哥送**了我新**铅笔**。   75 **服务员告诉**我**牛奶**卖完了。

73 **她每次考试**都是**第一**。

메모장

3·4급에 도전하세요!

[듣기]

🎧 TRACK 1,2-16

1-5. 녹음 내용과 제시된 사진이 일치하면 √, 일치하지 않으면 X 표시하세요.

1.		
2.		
3.		
4.		
5.		

[독해]

6-10. 빈칸에 들어갈 알맞은 보기를 선택하세요.

néng	xuéxí	shǎo	hào	zhù
A 能	B 学习	C 少	D 号	E 住

Nǐ ( ) zài zhè hòumiàn?

6. 你 ( ) 在 这 后面?

Wǒ de péngyou xǐhuan ( ) Hànyǔ.

7. 我 的 朋友 喜欢 ( ) 汉语。

tā qù Běijīng.

8. 8 ( ) 她 去 北京。

Zuò hòumiàn, hòumiàn rén ( ) yìdiǎnr.

9. 坐 后面, 后面 人 ( ) 一点儿。

Xià xīngqī wǔ, wǒ ( ) qǐng nǐ kàn diànyǐng ma?

10. 女: 下 星期五, 我 ( ) 请 你 看 电影 吗?

Duìbuqǐ, wǒ yào qù xuéxiào.

男: 对不起, 我 要 去 学校。

빠른 정답

[듣기] **1** X 喝茶   **2** √ 我的狗   **3** √ 太小了   **4** X 在学校   **5** √ 我的车

[독해] **6** E   **7** B   **8** D   **9** C   **10** A

[듣기]

⊙ TRACK 1,2-17

1-5. 녹음 내용과 제시된 사진이 일치하면 √, 일치하지 않으면 X 표시하세요.

1.		
2.		
3.		
4.		
5.		

[독해]

6-10. 빈칸에 들어갈 알맞은 보기를 선택하세요.

rè	rènshi	dú	zuò	jīntiān
A 热	B 认识	C 读	D 坐	E 今天

TIP

제시된 다섯 개의 보기 중에서 문장이나 대화의 빈칸에 알맞은 어휘를 고른다.

Wǒ hé tā   hěn duō nián le.

6. 我 和 她 ( ) 很 多 年 了。

Tiānqì hěn lěng, hē diǎnr   shuǐ ba.

7. 天气 很 冷, 喝 点儿 ( ) 水 吧。

Qiánmiàn yǒu yǐzi, nǐ   ma?

8. 前面 有 椅子, 你 ( ) 吗?

Zhè jǐ ge zì zěnme

9. 这 几 个 字 怎么 ( )?

Duìbuqǐ, Wáng lǎoshī.   bù néng lái yīyuàn le.

10. 女: 对不起, 王 老师。( ) 不 能 来 医院 了。

Méi guānxi, nà wǒmen míngtiān jiàn ba.

男: 没关系, 那 我们 明天 见 吧。

TIP

가장 기본적인 품사인 명사, 동사, 형용사, 부사, 양사가 출제되고 있으며, 특히 명사와 동사 문제의 비중이 가장 크다.

빠른 정답

[듣기] **1** √ 在飞机上   **2** X 一杯水   **3** X 爸爸和儿子   **4** X 四本书   **5** X 不冷

[독해] **6** B   **7** A   **8** D   **9** C   **10** E

[듣기]

TRACK 1,2-18

1-5. 녹음 내용과 제시된 사진이 일치하면 √, 일치하지 않으면 X 표시하세요.

TIP
녹음에서 들려주는 표현과 제시된 사진이 일치하는지 판단한다.

1.		
2.		
3.		
4.		
5.		

TIP
사진에 등장하는 인물이나 사물의 동작, 상태와 관련된 표현을 듣고 맞추는 문제가 많이 출제된다.

[독해]

6-10. 빈칸에 들어갈 알맞은 보기를 선택하세요.

shíjiān	màn	wèn	yǐjing	gàosu
A 时间	B 慢	C 问	D 已经	E 告诉

Qǐng ( ) nín shì Lǐ lǎoshī ma?
6. 请（　　），您 是 李 老师 吗?

Zhè jiàn shì shì shéi ( ) nǐ de?
7. 这 件 事 是 谁（　　）你 的?

Duìbuqǐ, wǒ xiànzài hěn máng, méi ( )
8. 对不起, 我 现在 很 忙, 没（　　）。

Qiánmiàn rén hěn duō, nǐ kāichē de shíhou ( ) diǎnr.
9. 前面 人 很 多, 你 开车 的 时候（　　）点儿。

Wéi? Nǐ zài nǎr?
10. 女: 喂? 你 在 哪儿?

Wǒ ( ) dào le, zài nǐ hòumiàn.
　　男: 我（　　）到 了, 在 你 后面。

빠른 정답

[듣기] **1** √ 你身体好些了吗? **2** √ 妈妈做的鱼最好吃。 **3** X 他在房间里打电话呢。
4 √ 苹果还没洗呢。 **5** √ 这本书不错, 你可以看看。
[독해] **6** C **7** E **8** A **9** B **10** D

[듣기]

🎧 TRACK 1,2-19

1–5. 녹음 내용과 제시된 사진이 일치하면 √, 일치하지 않으면 X 표시하세요.

TIP

녹음에서 들려주는 표현과 제시된 사진이 일치하는지 판단한다.

1.		
2.		
3.		
4.		
5.		

TIP

사진에 등장하는 인물이나 사물의 동작, 상태와 관련된 표현을 듣고 맞추는 문제가 많이 출제된다.

[독해]

6-10. 빈칸에 들어갈 알맞은 보기를 선택하세요.

TIP

제시된 다섯 개의 보기 중에서 문장이나 대화의 빈칸에 알맞은 어휘를 고른다.

dàjiā	yòubian	pǎobù	ba	xuě
A 大家	B 右边	C 跑步	D 吧	E 雪

　　　Jīntiān Xiǎo Wáng qǐng　　　　　chīfàn.
6.　今天　小　王　请（　　）吃饭。

　　　diǎn le, nǐ sòng érzi qù xuéxiào
7.　8 点 了，你 送　儿子 去　学校（　　　）。

　　　Tiān yīn le, kěnéng yào xià
8.　天　阴　了，可能　要　下（　　）。

　　　Míngtiān zǎoshang wǒmen qù　　　　ba.
9.　明天　　早上　　我们　去（　　）吧。

　　　　Zhuōzi shàng yǒu liǎng ge bēizi, nǎge shì nǐ de?
10. 女：桌子　上　有　两　个　杯子，哪个　是　你　的?

　　　　nàge bēizi shì wǒ de.
　　男：（　　）那个　杯子　是　我　的。

TIP

중국어 기본 품사들의 위치를 파악하고 있는지, 문장의 앞뒤 문맥을 제대로 이해하고 있는지에 대한 문제가 자주 출제된다.

빠른 정답

[듣기] **1** √ 门票在我这儿。　　**2** X 今天是十五号。　　**3** X 我坐出租车去那儿。
　　　　4 √ 吃饭前要洗手。　　**5** X 他正在跳舞。
[독해] **6** A　　**7** D　　**8** E　　**9** C　　**10** B

문장으로 끝내는
HSK
단어장

china.siwonschool.com

3급

UNIT 01

 说一说

🎧 TRACK 3-01

001

☑

叔叔吃了半个香蕉。

Shūshu chī le bàn ge xiāngjiāo.

삼촌은 반 개의 바나나를 먹었다.

叔叔 shūshu 몡 삼촌, 아저씨
半 bàn ㉖ (절)반, 2분의 1
香蕉 xiāngjiāo 몡 바나나

002

那个阿姨又矮又胖。

Nàge āyí yòu ǎi yòu pàng.

그 아주머니는 키도 작고 뚱뚱하다.

阿姨 āyí 몡 아주머니
又 yòu 閅 또
矮 ǎi 톙 (키가) 작다, (높이가) 낮다
胖 pàng 톙 뚱뚱하다

★ POINT

又 A 又 B는 'A하기도 하고 B하기도 하다'라는 의미입니다.

003

他的爱好是看新闻节目。

Tā de àihào shì kàn xīnwén jiémù.

그의 취미는 뉴스 프로그램을 보는 것이다.

爱好 àihào 몡 취미
新闻 xīnwén 몡 뉴스
节目 jiémù 몡 프로그램

★ POINT

중국어에서 新闻은 '뉴스'라는 의미로 한자 그대로 '신문'이라고 읽어서는 안 됩니다. '신문'은 중국어로 报纸라고 합니다.

004

我们班被他打扫得很干净。

Wǒmen bān bèi tā dǎsǎo de hěn gānjìng.

우리 반은 그에 의해 깨끗하게 청소되었다.

班 bān 몡 반
被 bèi 刚 ~에 의해 ~당하다
打扫 dǎsǎo 됭 청소하다
干净 gānjìng 톙 깨끗하다

005

弟弟安静地完成了他的作业。

Dìdi ānjìng de wánchéng le tā de zuòyè.

남동생은 조용히 그의 숙제를 끝냈다.

安静 ānjìng 톙 조용하다
完成 wánchéng 됭 끝내다,
완성하다
作业 zuòyè 몡 숙제, 과제

---

006 冰箱里有几瓶啤酒。

Bīngxiāng lǐ yǒu jǐ píng píjiǔ.

냉장고 안에 몇 병의 맥주가 있다.

冰箱 bīngxiāng 몡 냉장고
啤酒 píjiǔ 몡 맥주

007 请你一定要想办法帮我忙！

Qǐng nǐ yídìng yào xiǎng bànfǎ bāng wǒ máng!

당신이 반드시 방법을 생각해서 저를 도와주세요!

一定 yídìng 뷔 반드시
办法 bànfǎ 몡 방법
帮忙 bāngmáng 이합 돕다, 도와주다

★ POINT

조동사 要의 여러 가지 의미
· 의지: ~하려고 하다
· 필요성, 의무: ~할 필요가 있다, ~해야 한다
· 추측: ~할 것이다

008 那个超市搬到银行附近了。

Nàge chāoshì bāndào yínháng fùjìn le.

그 슈퍼마켓은 은행 근처로 옮겼다.

超市 chāoshì 몡 슈퍼마켓
搬 bān 됭 옮기다, 이사하다
银行 yínháng 몡 은행
附近 fùjìn 몡 근처, 부근

009 我跟校长去了他的办公室。

Wǒ gēn xiàozhǎng qù le tā de bàngōngshì.

나는 교장 선생님과 그의 사무실로 갔다.

跟 gēn 전접 ~와(과)
校长 xiàozhǎng 몡 교장
办公室 bàngōngshì 몡 사무실

010 这个国家一年有春、夏、秋、冬四个季节。

Zhège guójiā yì nián yǒu chūn、xià、qiū、dōng sì ge jìjié.

이 국가는 일년에 봄, 여름, 가을, 겨울 4개의 계절이 있다.

国家 guójiā 몡 국가, 나라
春 chūn 몡 봄
夏 xià 몡 여름
秋 qiū 몡 가을
冬 dōng 몡 겨울
季节 jìjié 몡 계절

011 请把礼物包好。

Qǐng bǎ lǐwù bāo hǎo.

선물을 잘 포장해 주세요.

把 bǎ 웹 ~을(를)
礼物 lǐwù 웹 선물
包 bāo 웹 싸다

---

012 中国北方有很多有名的城市。

Zhōngguó běifāng yǒu hěn duō yǒumíng de chéngshì.

중국 북방에는 많은 유명한 도시가 있다.

北方 běifāng 웹 북방
有名 yǒumíng 웹 유명하다
城市 chéngshì 웹 도시

---

013 我周末要参加一个数学比赛。

Wǒ zhōumò yào cānjiā yí ge shùxué bǐsài.

나는 주말에 하나의 수학 경기에 참가하려고 한다.

周末 zhōumò 웹 주말
参加 cānjiā 웹 참가하다
数学 shùxué 웹 수학
比赛 bǐsài 웹웹 시합(하다)

---

014 最近几年，这个公园的变化
很大。

Zuìjìn jǐ nián, zhège gōngyuán de biànhuà hěn dà.

최근 몇 년, 이 공원의 변화가 크다.

最近 zuìjìn 웹 최근, 요즘
公园 gōngyuán 웹 공원
变化 biànhuà 웹웹 변화(하다)

---

015 他比较了一下两个行李箱，
发现是一样的。

Tā bǐjiào le yíxià liǎng ge xínglixiāng, fāxiàn shì yíyàng de.

그는 두 개의 트렁크를 한 번 비교해 보고, 같은 것이라
는 것을 발견했다.

比较 bǐjiào 웹 비교하다
行李箱 xínglixiāng 웹 트렁크,
　　여행용 가방
发现 fāxiàn 웹웹 발견(하다)
一样 yíyàng 웹 같다

---

016 你必须参加这个会议。
Nǐ bìxū cānjiā zhège huìyì.
당신은 이 회의에 반드시 참가해야 합니다.

必须 bìxū [부] 반드시
会议 huìyì [명] 회의

017 他拿起菜单认真地看着。
Tā ná qǐ càidān rènzhēn de kàn zhe.
그는 메뉴를 들고 진지하게 보고 있다.

拿 ná [동] 잡다, 쥐다, 가지다
菜单 càidān [명] 메뉴
认真 rènzhēn [형] 진지하다, 성실하다

018 经理穿着白衬衫和黑裤子。
Jīnglǐ chuān zhe bái chènshān hé hēi kùzi.
사장님은 흰색 셔츠와 검은색 바지를 입고 있다.

经理 jīnglǐ [명] 사장, 기업의 책임자
衬衫 chènshān [명] 셔츠, 와이셔츠
裤子 kùzi [명] 바지

019 鼻子下面就是嘴，脚的上面就是腿。
Bízi xiàmiàn jiù shì zuǐ, jiǎo de shàngmiàn jiù shì tuǐ.
코 아래가 바로 입이고, 발의 위가 바로 다리이다.

鼻子 bízi [명] 코
嘴 zuǐ [명] 입
脚 jiǎo [명] 발
腿 tuǐ [명] 다리

020 他买了一本词典和一个笔记本，一共花了五元钱。
Tā mǎi le yì běn cídiǎn hé yí ge bǐjìběn, yígòng huā le wǔ yuán qián.
그는 한 권의 사전과 한 개의 노트북을 샀고, 모두 5위안을 썼다.

★ POINT
元은 중국의 화폐 단위로 块와 같은 의미입니다. 元은 서면에서, 块는 구어에서 주로 쓰입니다.

词典 cídiǎn [명] 사전
笔记本 bǐjìběn [명] 노트북, 노트북컴퓨터
一共 yígòng [부] 모두, 전부
花 huā [동] (돈이나 시간을) 쓰다
元 yuán [양] 위안(중국의 화폐 단위)

021 这个地方过去是一片草地。
Zhège dìfang guòqù shì yí piàn cǎodì.
이곳은 과거 하나의 풀밭이었다.

地方 dìfang 몡 곳, 장소
过去 guòqù 몡 과거
草 cǎo 몡 풀

022 我很担心这次考试的成绩。
Wǒ hěn dānxīn zhè cì kǎoshì de chéngjì.
나는 이번 시험의 성적이 매우 걱정된다.

担心 dānxīn 동 걱정하다
成绩 chéngjì 몡 성적

023 我认为他的中文水平很差。
Wǒ rènwéi tā de Zhōngwén shuǐpíng hěn chà.
나는 그의 중국어 수준이 좋지 않다고 생각한다.

认为 rènwéi 동 생각하다, 여기다
中文 Zhōngwén 고유 중국어
水平 shuǐpíng 몡 수준
差 chà 형동 좋지 않다, 나쁘다, 부족하다

024 她不但很瘦很漂亮，而且很聪明。
Tā búdàn hěn shòu hěn piàoliang, érqiě hěn cōngmíng.
그녀는 마르고 예쁠 뿐만 아니라, 게다가 똑똑하다.

不但…而且… búdàn…érqiě… 접 ~뿐만 아니라, 게다가 ~하다
瘦 shòu 형 마르다, 여위다
聪明 cōngmíng 형 똑똑하다, 총명하다

★POINT
不但A, 而且B는 점층관계 접속사로 'A할 뿐만 아니라, 게다가 B하다'라는 의미입니다.

025 除了他以外，别人都选择周末去爬山。
Chúle tā yǐwài, biérén dōu xuǎnzé zhōumò qù páshān.
그를 제외하고, 다른 사람들은 모두 주말에 등산하러 가는 것을 선택했다.

除了 chúle 전 ~을 제외하고, ~외에
别人 biérén 몡 다른 사람
选择 xuǎnzé 명동 선택(하다)
爬山 páshān 이합 등산하다, 산에 올라가다

알고나면 쉬워지는 ★ ★ ★
최은정의 시크릿 노트

1 이합동사(목적어)

문장 007

동사와 명사(목적어)가 합쳐져 하나의 뜻을 나타내는 동사를 이합동사라고 합니다. 이합동사는 스스로 동목 구조를 이루기 때문에 뒤에 또 다른 목적어를 수반할 수 없습니다. 또한 의미에 따라 동사와 명사(목적어) 사이에 수식성분으로 들어가는 경우도 있습니다.

예 **帮忙** 이합 돕다, 도와주다

帮忙**我** (X)　　　帮**我(的)**忙 (O)　　　(**给我**)帮忙 (O)

예 **生气** 이합 화내다

生气**过** (X)　　　生**过**气 (O)

2 2음절 형용사가 동사를 수식할 때

문장 017

• 감정, 심리를 나타내는 형용사의 경우: 반드시 **地**가 있어야 합니다.

예 **高兴** 地 **说**。 신나게 말하다.
　　심리 형용사　동사

• 그 밖의 형용사의 경우: **地**는 생략 가능합니다.

예 **认真** (地) **看**。 열심히 보다.
　　기타 형용사　동사

3 **很/非常** + 감정 동사

문장 022

대부분의 동사는 정도부사(**很, 非常**)의 수식을 받을 수 없지만, 감정 동사는 정도부사의 수식을 받을 수 있습니다.

예 **很担心**。 매우 걱정하다.　　**非常喜欢**。 매우 좋아하다.
　　감정 동사　　　　　　　　　감정 동사

写一写

✅ 우리말 해석을 보고 빈칸에 알맞은 중국어를 쓰세요.

1 삼촌은 반 개의 바나나를 먹었다.

    Shūshu   bàn   xiāngjiāo

⬜⬜ 吃了 ⬜⬜ 个 ⬜⬜。

2 그 아주머니는 키도 작고 뚱뚱하다.

         āyí   yòu   ǎi   yòu   pàng

那个 ⬜⬜ ⬜⬜ ⬜⬜ ⬜⬜ ⬜⬜。

3 그의 취미는 뉴스 프로그램을 보는 것이다.

      àihào   xīnwén   jiémù

他的 ⬜⬜ 是看 ⬜⬜ ⬜⬜。

4 우리 반은 그에 의해 깨끗하게 청소되었다.

      bān   bèi   dǎsǎo   gānjìng

我们 ⬜⬜ ⬜⬜ 他 ⬜⬜ 得很 ⬜⬜。

5 남동생은 조용히 그의 숙제를 끝냈다.

      ānjìng   wánchéng   zuòyè

弟弟 ⬜⬜ 地 ⬜⬜ 了他的 ⬜⬜。

 빠른 정답

1 叔叔吃了半个香蕉。
2 那个阿姨又矮又胖。
3 他的爱好是看新闻节目。

4 我们班被他打扫得很干净。
5 弟弟安静地完成了他的作业。

6 냉장고 안에 몇 병의 맥주가 있다.

    Bīngxiāng   píjiǔ

    _____ 里有几瓶 _____。

7 당신이 반드시 방법을 생각해서 저를 도와주세요!

    yídìng   bànfǎ   bāng   máng

请你 _____ 要想 _____   我 _____！

8 그 슈퍼마켓은 은행 근처로 옮겼다.

    chāoshì   bān   yínháng   fùjìn

那个 _____ _____ 到 _____ _____ 了。

9 나는 교장 선생님과 그의 사무실로 갔다.

    gēn   xiàozhǎng   bàngōngshì

我 _____ _____ 去了他的 _____。

10 이 국가는 일년에 봄, 여름, 가을, 겨울 4개의 계절이 있다.

    guójiā   chūn   xià   qiū

这个 _____ 一年有 _____、_____、_____、

    dōng   jìjié

_____ 四个 _____。

  빠른 정답

6 冰箱里有几瓶啤酒。   9 我跟校长去了他的办公室。

7 请你一定要想办法帮我忙！   10 这个国家一年有春、夏、秋、冬

8 那个超市搬到银行附近了。   四个季节。

11 선물을 잘 포장해 주세요.

           bǎ   lǐwù   bāo

请 ⬜⬜⬜ ⬜⬜⬜ ⬜⬜⬜ 好。

12 중국 북방에는 많은 유명한 도시가 있다.

        běifāng   yǒumíng   chéngshì

中国 ⬜⬜⬜ 有很多 ⬜⬜⬜ 的 ⬜⬜⬜。

13 나는 주말에 하나의 수학 경기에 참가하려고 한다.

      zhōumò   cānjiā   shùxué   bǐsài

我 ⬜⬜⬜ 要 ⬜⬜⬜ 一个 ⬜⬜⬜ ⬜⬜⬜。

14 최근 몇 년, 이 공원의 변화가 크다.

    Zuìjìn   gōngyuán   biànhuà

⬜⬜⬜ 几年，这个 ⬜⬜⬜ 的 ⬜⬜⬜ 很大。

15 그는 두 개의 트렁크를 한 번 비교해 보고, 같은 것이라는 것을 발견했다.

      bǐjiào   xínglixiāng   fāxiàn   yíyàng

他 ⬜⬜⬜ 了一下两个 ⬜⬜⬜，⬜⬜⬜ 是 ⬜⬜⬜ 的。

 빠른 정답

11 请把礼物包好。
12 中国北方有很多有名的城市。
13 我周末要参加一个数学比赛。

14 最近几年，这个公园的变化很大。
15 他比较了一下两个行李箱，发现是 一样的。

16 당신은 이 회의에 반드시 참가해야 합니다.

          bìxū   huìyì

你   参加这个   。

17 그는 메뉴를 들고 진지하게 보고 있다.

            ná   càidān   rènzhēn

他   起   地看着。

18 사장님은 흰색 셔츠와 검은색 바지를 입고 있다.

    Jīnglǐ   chènshān   kùzi

         穿着白   和黑   。

19 코 아래가 바로 입이고, 발의 위가 바로 다리이다.

    Bízi   zuǐ   jiǎo   tuǐ

        下面就是   ,   的上面就是   。

20 그는 한 권의 사전과 한 개의 노트를 샀고, 모두 5위안을 썼다.

                cídiǎn   bǐjìběn   yígòng   huā

他买了一本   和一个   ,

        yuán

了五   钱。

🔍 **빠른 정답**

16 你**必须**参加这个**会议**。

17 他**拿**起**菜单认真**地看着。

18 **经理**穿着白**衬衫**和黑**裤子**。

19 **鼻子**下面就是**嘴**, 脚的上面就是**腿**。

20 他买了一本**词典**和一个**笔记本**, 一共花了五元钱。

21 이곳은 과거 하나의 풀밭이었다.

        dìfang   guòqù   cǎo

这个 [_____] [_____] 是一片 [_____] 地。

22 나는 이번 시험의 성적이 매우 걱정된다.

        dānxīn   chéngjì

我很 [_____] 这次考试的 [_____]。

23 나는 그의 중국어 수준이 좋지 않다고 생각한다.

       rènwéi   Zhōngwén shuǐpíng   chà

我 [_____] 他的 [_____] [_____] 很 [_____]。

24 그녀는 마르고 예쁠 뿐만 아니라, 게다가 똑똑하다.

     búdàn   shòu   érqiě   cōngmíng

她 [_____] 很 [_____] 很漂亮, [_____] 很 [_____]。

25 그를 제외하고, 다른 사람들은 모두 주말에 등산하러 가는 것을 선택했다.

    Chúle   biérén   xuǎnzé   páshān

[_____] 他以外, [_____] 都 [_____] 周末去 [_____]。

🔍 **빠른 정답**

21 这个**地方过去**是一片**草**地。

22 我很**担心**这次考试的**成绩**。

23 我**认为**他的**中文 水平很差**。

24 她**不但很瘦很**漂亮，**而且很聪明**。

25 **除了**他以外，**别人**都**选择**周末去**爬山**。

UNIT 02

 说一说

🎧 TRACK 3-06

026 ☑

孩子当然长得像父母。

Háizi dāngrán zhǎng de xiàng fùmǔ.

아이는 당연히 생김새가 부모님을 닮는다.

当然 dāngrán 🕓 당연히
长 zhǎng 🕓 (생김새가) 생기다
像 xiàng 🔲🕓 닮다, 비슷하다, 마치 ~와 같다

027

他早上起不来，所以迟到了。

Tā zǎoshang qǐbulái, suǒyǐ chídào le.

그는 아침에 일어나지 못해서 지각했다.

起来 qǐlái 🕓 일어나다, 일어서다
迟到 chídào 🕓 지각하다

028

年轻的时候应该努力地学习。

Niánqīng de shíhou yīnggāi nǔlì de xuéxí.

젊었을 때 열심히 공부해야 한다.

年轻 niánqīng 🕓 젊다
应该 yīnggāi 🔲 마땅히 ~해야 한다
努力 nǔlì 🔲🕓 노력(하다)
地 de 🕓 부사어와 그 수식을 받는 서술어를 연결하는 조사

029

根据地图，我们应该坐船向 东走。

Gēnjù dìtú, wǒmen yīnggāi zuò chuán xiàng dōng zǒu.

지도에 따라, 우리는 배를 타고 동쪽을 향해 가야 한다.

根据 gēnjù 🕓 ~에 따라, ~에 근거하여
地图 dìtú 🕓 지도
船 chuán 🕓 배, 선박
向 xiàng 🕓 ~을 향해, ~에게
东 dōng 🕓 동(쪽)

030

这个楼有三层，只有中间一层 有人住。

Zhège lóu yǒu sān céng, zhǐ yǒu zhōngjiān yì céng yǒurén zhù.

이 건물은 3층이 있는데, 오직 중간 한 층에만 사람이 산다.

楼 lóu 🕓 건물, 층
层 céng 🕓 층
只 zhǐ 🕓 오직, 단지, 겨우
中间 zhōngjiān 🕓 중간, 가운데

031 我在电梯里遇到了同事。
Wǒ zài diàntī lǐ yùdào le tóngshì.
나는 엘리베이터에서 동료를 마주쳤다.

电梯 diàntī 명 엘리베이터
遇到 yùdào 동 만나다, 마주치다
同事 tóngshì 명 동료, 동업자

032 如果现在不吃饱，晚上会饿的。
Rúguǒ xiànzài bù chī bǎo, wǎnshang huì è de.
만약 지금 배부르게 먹지 않으면, 저녁에 배가 고플 것이다.

如果 rúguǒ 접 만약 ~라면(주로 就와 호응)
饱 bǎo 형 배부르다
饿 è 형 배고프다

★POINT
조동사 会가 추측이나 가능성을 나타낼 때는 문장 끝에 습관적으로 '的'를 씁니다.

033 他打算带一些新鲜水果去奶奶家。
Tā dǎsuàn dài yìxiē xīnxiān shuǐguǒ qù nǎinai jiā.
그는 약간의 신선한 과일을 가지고 할머니 댁에 갈 계획이다.

打算 dǎsuàn 동 ~할 계획이다
带 dài 동 가지다, 지니다, 휴대하다
新鲜 xīnxiān 형 신선하다
奶奶 nǎinai 명 할머니

034 坐地铁去特别方便，一会儿就到了。
Zuò dìtiě qù tèbié fāngbiàn, yíhuìr jiù dào le.
지하철을 타고 가면 아주 편리해서, 잠깐이면 바로 도착한다.

地铁 dìtiě 명 지하철
特别 tèbié 부·형 아주, 특히, 특별하다
方便 fāngbiàn 형 편리하다
一会儿 yíhuìr 잠시, 잠깐 동안, 짧은 시간

035 放心吧，我不会忘记给你发电子邮件的。
Fàngxīn ba, wǒ bú huì wàngjì gěi nǐ fā diànzǐ yóujiàn de.
안심해. 나는 너에게 이메일 보내는 것을 잊지 않을 거야.

放心 fàngxīn 이합 안심하다, 마음을 놓다
忘记 wàngjì 동 잊어버리다
发 fā 동 보내다
电子邮件 diànzǐ yóujiàn 명 이메일, 전자우편

036 兔子的耳朵多么长啊！

Tùzi de ěrduo duōme cháng a!

토끼의 귀는 얼마나 긴가!

耳朵 ěrduo [명] 귀
多么 duōme [부] 얼마나(의문이나 감탄에 쓰임)
啊 a [감탄] 문장 끝에 쓰여 감탄을 나타냄

037 老师今天讲的题你复习了吗?

Lǎoshī jīntiān jiǎng de tí nǐ fùxí le ma?

선생님이 오늘 강의한 문제를 너는 복습했니?

讲 jiǎng [동] 강의하다, 설명하다, 이야기하다
复习 fùxí [동] 복습하다

038 他又感冒又发烧，几乎要死了。

Tā yòu gǎnmào yòu fāshāo, jīhū yào sǐ le.

그는 감기도 걸리고 열도 나서, 거의 죽을 지경이다.

又 yòu [부] 또
感冒 gǎnmào [동] 감기에 걸리다
发烧 fāshāo [이합] 열이 나다
几乎 jīhū [부] 거의

039 她很喜欢动物，特别是可爱的熊猫。

Tā hěn xǐhuan dòngwù, tèbié shì kě'ài de xióngmāo.

그녀는 동물을 매우 좋아하는데, 특히 귀여운 판다를 좋아한다.

动物 dòngwù [명] 동물
可爱 kě'ài [형] 귀엽다, 사랑스럽다
熊猫 xióngmāo [명] 판다

040 这条裙子太短了，只有个子矮的人才能穿。

Zhè tiáo qúnzi tài duǎn le, zhǐyǒu gèzi ǎi de rén cái néng chuān.

이 치마는 너무 짧아서, 오직 키가 작은 사람만 입을 수 있다.

★ POINT

只有A才B는 '오직 A해야만 B하다'라는 의미로 유일한 조건을 나타냅니다.

条 tiáo [양] 가늘고 긴 것을 세는 단위
裙子 qúnzi [명] 치마, 스커트
短 duǎn [형] 짧다
只有…才… zhǐyǒu…cái… [접] 오직 ~해야만 ~하다
个子 gèzi [명] 키
矮 ǎi [형] (키가) 작다, (높이가) 낮다

041 他把筷子放在碗的旁边。

Tā bǎ kuàizi fàng zài wǎn de pángbiān.

그는 젓가락을 그릇 옆에 둔다.

★ POINT
'把 + 사물 + 放在 + 장소'는 '~을 ~에 두다(놓다)'라는 의미입니다.

筷子 kuàizi 몡 젓가락
放 fàng 동 두다, 놓다
碗 wǎn 몡 그릇, 사발

042 我一直记得他说过的那段话。

Wǒ yìzhí jìde tā shuō guo de nà duàn huà.

나는 줄곧 그가 한 적이 있는 그 말을 기억하고 있다.

★ POINT
过는 '~한 적이 있다'라는 의미로 동사 뒤에서 경험을 나타냅니다.

一直 yìzhí 분 줄곧, 계속해서
记得 jìde 동 기억하고 있다
段 duàn 양 사물이나 시간 등의 한 구간을 나타냄

043 经常锻炼身体能让你更健康。

Jīngcháng duànliàn shēntǐ néng ràng nǐ gèng jiànkāng.

자주 운동을 하면 당신으로 하여금 더 건강하게 할 수 있다.

经常 jīngcháng 분 자주, 늘, 종종
锻炼 duànliàn 동 운동하다, (몸과 마음을) 단련하다
更 gèng 분 더, 더욱
健康 jiànkāng 명·형 건강(하다)

044 妈妈为我们把蛋糕分成了四块。

Māma wèi wǒmen bǎ dàngāo fēn chéng le sì kuài.

엄마는 우리를 위해 케이크를 4조각으로 나눴다.

★ POINT
块는 '위안(중국의 화폐 단위)'이라는 의미 외에도 '조각, 덩이'라는 의미도 있습니다.

为 wèi 전 ~을 위해서, ~에게
蛋糕 dàngāo 명 케이크
分 fēn 동 나누다, 분류하다

045 家里的灯突然坏了，明天还是换新的吧。

Jiā lǐ de dēng tūrán huài le, míngtiān háishi huàn xīn de ba.

집 안의 등이 갑자기 고장 났으니, 내일 새것으로 바꾸는 것이 좋겠어요.

灯 dēng 명 등
突然 tūrán 분 갑자기
坏 huài 동·형 고장 나다, 상하다, 나쁘다
还是 háishi 분 ~하는 편이 (더) 좋다, 여전히, 아직도
换 huàn 동 바꾸다, 교환하다

046 爷爷 奶奶很关心我的学习。

Yéye nǎinai hěn guānxīn wǒ de xuéxí.

할아버지 할머니는 나의 공부에 매우 관심을 갖는다.

> ★ POINT
>
> 关心은 '관심을 갖다', '관심을 기울이다'라는 의미로 오로지 동사
> 용법으로만 쓰이며, 명사 용법으로는 쓰이지 않습니다.

爷爷 yéye 몡 할아버지
关心 guānxīn 통 관심을 갖다,
　　관심을 기울이다

---

047 他个子很高，体重120公斤。

Tā gèzi hěn gāo, tǐzhòng yìbǎi èrshí gōngjīn.

그는 키가 크고, 체중이 120kg이다.

公斤 gōngjīn 몡 kg, 킬로그램

---

048 刚才刮风的时候，我关上了门。

Gāngcái guāfēng de shíhou, wǒ guān shàng
le mén.

방금 바람이 불 때, 나는 문을 닫았다.

刚才 gāngcái 몡 방금, 막
刮风 guāfēng 이합 바람이 불다
关 guān 통 닫다

---

049 我对世界上的各种文化都很
感兴趣。

Wǒ duì shìjiè shàng de gè zhǒng wénhuà dōu
hěn gǎn xìngqù.

나는 세계의 각종 문화에 대해 모두 흥미를 느낀다.

世界 shìjiè 몡 세계
种 zhǒng 양 종류를 세는 단위
文化 wénhuà 몡 문화
感兴趣 gǎn xìngqù 흥미를
　　느끼다, 관심을 갖다

---

050 他们两个结婚二十年了，关系
一直很好。

Tāmen liǎng ge jiéhūn èrshí nián le, guānxi
yìzhí hěn hǎo.

그들 둘은 결혼한 지 20년이 되었는데, 관계가 줄곧 좋다.

结婚 jiéhūn 이합 결혼하다
关系 guānxi 몡 관계

알고나면 쉬워지는 ★ ★ ★ 최은정의 시크릿 노트

1 전치사 向

문장 029

전치사 向은 동작의 방향 또는 동작의 대상을 나타냅니다.

예 向前走。 앞으로 가다.
　　방향

예 请你向我介绍一下。 당신이 저에게 소개해 주세요.
　　　　대상

2 打算 + 동사

문장 033

打算은 목적어에 반드시 동사 성분이 있어야 합니다.

예 我打算中国。　　　　　　　　　(X)

예 我打算去中国。 나는 중국에 갈 계획이다.　(O)
　　　　동사

3 特別의 용법

문장 034

特別는 크게 부사와 형용사 두 가지 용법이 있습니다.

부사	① 아주, 매우 ② 특히	예 她特别可爱。 그녀는 아주 귀엽다. 예 她喜欢动物，特别是熊猫。 그녀는 동물을 좋아하는데, 특히 판다를 좋아한다.
형용사	특별하다	예 她很特别。 그녀는 특별하다.

4 还是의 용법

문장 045

还是는 부사와 접속사 크게 두 가지 용법이 있습니다.

부사	① 여전히, 아직도 ② ~하는 편이 (더) 좋다	예 现在还是有点儿冷。 지금 여전히 조금 춥다. 예 你还是今天去吧。 너는 오늘 가는 편이 더 좋다.
접속사	아니면, 또는	예 你去中国还是去美国？ 당신은 중국에 가세요? 아니면 미국에 가세요?

写一写

✓ 우리말 해석을 보고 빈칸에 알맞은 중국어를 쓰세요.

26 아이는 당연히 생김새가 부모님을 닮는다.

　　　　dāngrán　　zhǎng　　xiàng

孩子 ☐☐☐☐ ☐☐☐☐ 得 ☐☐☐☐ 父母。

27 그는 아침에 일어나지 못해서 지각했다.

　　　　　qǐ　　　　lái　　　　chídào

他早上 ☐☐☐☐ 不 ☐☐☐☐ ，所以 ☐☐☐☐ 了。

28 젊었을 때 열심히 공부해야 한다.

　Niánqīng　　　　yīnggāi　　　nǔlì　　　de

☐☐☐☐ 的时候 ☐☐☐☐ ☐☐☐☐ ☐☐☐☐ 学习。

29 지도에 따라, 우리는 배를 타고 동쪽을 향해 가야 한다.

　Gēnjù　　dìtú　　　　　chuán

☐☐☐☐ ☐☐☐☐ ，我们应该坐 ☐☐☐☐

　xiàng　　dōng

☐☐☐☐ ☐☐☐☐ 走。

30 이 건물은 3층이 있는데, 오직 중간 한 층에만 사람이 산다.

　　　　lóu　　　　céng　　　zhǐ　　zhōngjiān

这个 ☐☐☐☐ 有三 ☐☐☐☐ ，☐☐☐☐ 有 ☐☐☐☐

一层有人住。

🔍 빠른 정답

26 孩子当然长得像父母。

27 他早上起不来，所以迟到了。

28 年轻的时候应该努力地学习。

29 根据地图，我们应该坐船向东走。

30 这个楼有三层，只有中间一层有人住。

31 나는 엘리베이터에서 동료를 마주쳤다.

　　　　　　diàntī　　　　　yùdào　　　　　tóngshì
我在 ＿＿＿＿ 里 ＿＿＿＿ 了 ＿＿＿＿。

32 만약 지금 배부르게 먹지 않으면, 저녁에 배가 고플 것이다.

　　Rúguǒ　　　　　　　　bǎo　　　　　　　　è
＿＿＿＿ 现在不吃 ＿＿＿＿, 晚上会 ＿＿＿＿ 的。

33 그는 약간의 신선한 과일을 가지고 할머니 댁에 갈 계획이다.

　　　　dǎsuàn　　　dài　　　　　xīnxiān　　　　　nǎinai
他 ＿＿＿＿ ＿＿＿＿ 一些 ＿＿＿＿ 水果去 ＿＿＿＿ 家。

34 지하철을 타고 가면 아주 편리해서, 잠깐이면 바로 도착한다.

　　　　dìtiě　　　　tèbié　　　fāngbiàn　　　yíhuìr
坐 ＿＿＿＿ 去 ＿＿＿＿ ＿＿＿＿, ＿＿＿＿ 就到了。

35 안심해. 나는 너에게 이메일 보내는 것을 잊지 않을 거야.

　Fàngxīn　　　　　　　wàngjì　　　　　fā　　diànzǐ yóujiàn
＿＿＿＿ 吧, 我不会 ＿＿＿＿ 给你 ＿＿＿＿ ＿＿＿＿
的。

🔍 **빠른**
정답

31 我在电梯里遇到了同事。

32 如果现在不吃饱, 晚上会饿的。

33 他打算带一些新鲜水果去奶奶家。

34 坐地铁去特别方便, 一会儿就到了。

35 放心吧, 我不会忘记给你发电子邮件的。

36 토끼의 귀는 얼마나 긴가!

　　　　　　　ěrduo　　　duōme　　　　　a
兔子的 _____ _____ 长 _____ !

37 선생님이 오늘 강의한 문제를 너는 복습했니?

　　　　　　　jiǎng　　　　　　fùxí
老师今天 _____ 的题你 _____ 了吗?

38 그는 감기도 걸리고 열도 나서, 거의 죽을 지경이다.

　　　　yòu　　gǎnmào　　yòu　　fāshāo　　jīhū
他 _____ _____ _____ _____ , _____
要死了。

39 그녀는 동물을 매우 좋아하는데, 특히 귀여운 판다를 좋아한다.

　　　　　dòngwù　　　　　　kě'ài　　　xióngmāo
她很喜欢 _____ , 特别是 _____ 的 _____ 。

40 이 치마는 너무 짧아서, 오직 키가 작은 사람만 겨우 입을 수 있다.

　　　tiáo　　qúnzi　　　duǎn　　　zhǐyǒu
这 _____ _____ 太 _____ 了, _____

　　gèzi　　ǎi　　　cái
_____ _____ 的人 _____ 能穿。

🔍 **빠른 정답**

36 兔子的耳朵多么长啊!
37 老师今天讲的题你复习了吗?
38 他又感冒又发烧, 几乎要死了。

39 她很喜欢动物, 特别是可爱的熊猫。
40 这条裙子太短了, 只有个子矮的人才能穿。

41 그는 젓가락을 그릇 옆에 둔다.

kuàizi　　fàng　　wǎn

他把 ［　　　　］ ［　　　　］ 在 ［　　　　］ 的旁边。

42 나는 줄곧 그가 한 적이 있는 그 말을 기억하고 있다.

yìzhí　　jìde　　　　duàn

我 ［　　　　］ ［　　　　］ 他说过的那 ［　　　　］ 话。

43 자주 운동을 하면 당신으로 하여금 더 건강하게 할 수 있다.

Jīngcháng　duànliàn　　　　gèng　　jiànkāng

［　　　　　　　　　　　　］身体能让你 ［　　　　］ ［　　　　　　］。

44 엄마는 우리를 위해 케이크를 4조각으로 나눴다.

wèi　　　　dàngāo　　fēn

妈妈 ［　　　　］ 我们把 ［　　　　］ ［　　　　］ 成了四块。

45 집 안의 등이 갑자기 고장 났으니, 내일 새것으로 바꾸는 것이 좋겠어요.

dēng　　tūrán　　huài　　　　háishi

家里的 ［　　　　］ ［　　　　］ ［　　　　］ 了，明天 ［　　　　］

huàn

［　　　　］ 新的吧。

🔍 **빠른 정답**

41 他把筷子放在碗的旁边。
42 我一直记得他说过的那段话。
43 经常锻炼身体能让你更健康。

44 妈妈为我们把蛋糕分成了四块。
45 家里的灯突然坏了，明天还是换新的吧。

46 할아버지 할머니는 나의 공부에 매우 관심을 갖는다.

Yéye   guānxīn

_____ 奶奶很 _____ 我的学习。

47 그는 키가 크고, 체중이 120kg이다.

gōngjīn

他个子很高，体重120 _____。

48 방금 바람이 불 때, 나는 문을 닫았다.

Gāngcái   guāfēng   guān

_____ _____ 的时候，我 _____ 上了门。

49 나는 세계의 각종 문화에 대해 모두 흥미를 느낀다.

shìjiè   zhǒng   wénhuà   gǎn xìngqù

我对 _____ 上的各 _____ _____ 都很 _____。

50 그들 둘은 결혼한 지 20년이 되었는데, 관계가 줄곧 좋다.

jiéhūn   guānxi

他们两个 _____ 二十年了，_____ 一直很好。

빠른 정답

46 爷爷奶奶很关心我的学习。

47 他个子很高，体重120公斤。

48 刚才刮风的时候，我关上了门。

49 我对世界上的各种文化都很感兴趣。

50 他们两个结婚二十年了，关系一直很好。

UNIT 03

유닛 학습 단어 88
학습 누적 단어 233
최종 목표 단어 300

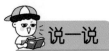

说一说

TRACK 3-11

051 你最近过得怎么样?
Nǐ zuìjìn guò de zěnmeyàng?
당신은 요즘 어떻게 지내나요?

最近 zuìjìn [명] 최근, 요즘
过 guò [동] 지나다, 보내다

052 小时候我很害怕妈妈生气。
Xiǎo shíhou wǒ hěn hàipà māma shēngqì.
어렸을 때 나는 엄마가 화내는 것이 매우 무서웠다.

害怕 hàipà [동] 무서워하다, 두려워하다
生气 shēngqì [이합] 화내다

053 过了黄河，我离家越走越近了。
Guò le Huánghé, wǒ lí jiā yuè zǒu yuè jìn le.
황허를 지나니, 나는 집에서 갈수록 가까워졌다.

★ POINT
越A越B는 'A할수록 B하다'라는 의미입니다.

黄河 Huánghé [고유] 황허, 황하
越 yuè [부] 갈수록, 점점, 더욱더

054 关于这个问题，他简单地回答了几句。
Guānyú zhège wèntí, tā jiǎndān de huídá le jǐ jù.
이 문제에 관해, 그는 간단하게 몇 마디 대답했다.

关于 guānyú [전] ~에 관해
简单 jiǎndān [형] 간단하다, 단순하다
地 de [조] 부사어와 그 수식을 받는 서술어를 연결하는 조사
回答 huídá [명·동] 대답(하다)

055 他以前在中国留过学，后来在那里找到了工作。
Tā yǐqián zài Zhōngguó liú guo xué, hòulái zài nàli zhǎodào le gōngzuò.
그는 이전에 중국에서 유학한 적이 있고, 후에 그 곳에서 직업을 찾았다.

以前 yǐqián [명] 이전
留学 liúxué [이합] 유학하다
后来 hòulái [명] 후에, 그 뒤에, 그 다음에

056 我今天要去图书馆还书。

Wǒ jīntiān yào qù túshūguǎn huán shū.

나는 오늘 도서관에 가서 책을 반납하려고 한다.

图书馆 túshūguǎn 몡 도서관
还 huán 통 반납하다, 돌려주다, 갚다

057 黑板上画着一朵花和一把伞。

Hēibǎn shàng huà zhe yì duǒ huā hé yì bǎ sǎn.

칠판 위에 한 송이의 꽃과 하나의 우산이 그려져 있다.

黑板 hēibǎn 몡 칠판
画 huà 통 (그림을) 그리다
花 huā 몡 꽃
伞 sǎn 몡 우산

058 她讲故事的时候，声音很好听。

Tā jiǎng gùshi de shíhou, shēngyīn hěn hǎotīng.

그녀는 이야기를 할 때, 목소리가 듣기 좋다.

讲 jiǎng 통 이야기하다, 강의하다, 설명하다
故事 gùshi 몡 이야기
声音 shēngyīn 몡 (목)소리

059 经过人们的努力，这里的环境变好了。

Jīngguò rénmen de nǔlì, zhèlǐ de huánjìng biàn hǎo le.

사람들의 노력을 거쳐, 이곳의 환경은 좋게 변했다.

经过 jīngguò 통 (장소, 시간 동작 등을) 거치다, 지나다
努力 nǔlì 몡·통 노력(하다)
环境 huánjìng 몡 환경

060 周末我一般在家上网玩游戏或者去公园骑自行车。

Zhōumò wǒ yìbān zài jiā shàngwǎng wán yóuxì huòzhě qù gōngyuán qí zìxíngchē.

주말에 나는 일반적으로 집에서 인터넷에 접속해서 게임을 하거나 혹은 공원에 가서 자전거를 탄다.

周末 zhōumò 몡 주말
一般 yìbān 부·형 일반적으로, 일반적이다
上网 shàngwǎng 이합 인터넷에 접속하다
游戏 yóuxì 몡 게임, 놀이
或者 huòzhě 접 혹은, 또는, ~이 아니면 ~이다
公园 gōngyuán 몡 공원
骑 qí 통 (말, 자전거, 오토바이 등을) 타다
自行车 zìxíngchē 몡 자전거

061

她一边听音乐一边喝饮料。

Tā yìbiān tīng yīnyuè yìbiān hē yǐnliào.

그녀는 음악을 들으면서 음료를 마신다.

一边 yìbiān ~하면서 ~하다
音乐 yīnyuè 몡 음악
饮料 yǐnliào 몡 음료

★ POINT

'一边 A 一边 B'는 'A하면서 B하다'라는 의미로 두 가지 상황이
동시에 진행됨을 나타냅니다.

062

再检查一下，你的护照带了
吗？

Zài jiǎnchá yíxià, nǐ de hùzhào dài le ma?

다시 검사해 보세요. 당신 여권은 가지고 있나요?

检查 jiǎnchá 통 검사하다,
　　점검하다
护照 hùzhào 몡 여권
带 dài 통 가지다, 지니다, 휴대하다

063

最近我和他都很忙，没有见面
的机会。

Zuìjìn wǒ hé tā dōu hěn máng, méiyǒu
jiànmiàn de jīhuì.

최근 나와 그는 모두 바빠서, 만날 기회가 없다.

最近 zuìjìn 몡 최근, 요즘
见面 jiànmiàn 이합 만나다
机会 jīhuì 몡 기회

064

问了这么久，他终于同意教
我中文了。

Wèn le zhème jiǔ, tā zhōngyú tóngyì jiāo wǒ
Zhōngwén le.

이렇게 오랫동안 묻고, 그는 마침내 나에게 중국어 가르
치는 것을 동의했다.

久 jiǔ 톙 오래다, (시간이) 길다
终于 zhōngyú 톙 마침내, 결국
同意 tóngyì 멸·통 동의(하다)
教 jiāo 통 (~에게 ~을) 가르치다
中文 Zhōngwén 고유 중국어

065

羊只有两只角，鸟只有两
只脚，马有四条腿。

Yáng zhǐ yǒu liǎng zhī jiǎo, niǎo zhǐ yǒu liǎng
zhī jiǎo, mǎ yǒu sì tiáo tuǐ.

양은 단지 2개의 뿔이 있고, 새는 단지 2개의 발이 있는
데, 말은 4개의 다리가 있다.

只 zhǐ 톙 단지, 오직, 겨우
只 zhī 몡 동물을 세는 단위. 쌍을
　　이루는 사물의 한쪽을 세는 단위
角 jiǎo 몡 (짐승의) 뿔
鸟 niǎo 몡 새 | 脚 jiǎo 몡 발
马 mǎ 몡 말
条 tiáo 몡 가늘고 긴 것을 세는
　　단위
腿 tuǐ 몡 다리

066

春节是中国最重要的节日。

Chūnjié shì Zhōngguó zuì zhòngyào de jiérì.

춘절은 중국의 가장 중요한 명절이다.

重要 zhòngyào 형 중요하다
节日 jiérì 명 명절, 기념일

067

他站在街道上和邻居聊天儿。

Tā zhàn zài jiēdào shàng hé línjū liáotiānr.

그는 길거리에 서서 이웃 사람과 이야기하고 있다.

站 zhàn 동 서다, 일어서다
街道 jiēdào 명 (길)거리
邻居 línjū 명 이웃 사람, 이웃(집)
聊天儿 liáotiānr 이합 이야기하다,
잡담을 하다

068

我们需要解决这个问题，还
是试试吧。

Wǒmen xūyào jiějué zhège wèntí, háishi
shìshi ba.

우리는 이 문제를 해결해야 하니, 시도해 봅시다.

需要 xūyào 조동 ~해야 한다
동 필요로 하다
解决 jiějué 동 해결하다
还是 háishi 부 ~하는 편이 (더)
좋다
试 shì 동 시도하다, 시험 삼아 해
보다

★ POINT

试试처럼 동사를 중첩하면 '한번 ~해 보다'라는 가벼운 뜻을
나타내며, 뒤에 음절은 경성으로 발음합니다.

069

我可以借你的照相机拍一张
照片吗?

Wǒ kěyǐ jiè nǐ de zhàoxiàngjī pāi yì zhāng
zhàopiàn ma?

제가 당신의 카메라를 빌려서 사진 한 장 찍어도 될까요?

借 jiè 동 빌리다, 빌려주다
照相机 zhàoxiàngjī 명 카메라,
사진기
张 zhāng 양 (종이, 침대, 책상 등)
넓은 표면을 가진 것을 세는 단위
照片 zhàopiàn 명 사진

070

对学生来说，学习是最主要的，
不能让其他事情影响学习。

Duì xuésheng láishuō, xuéxí shì zuì zhǔyào de,
bù néng ràng qítā shìqing yǐngxiǎng xuéxí.

학생에게 있어서, 공부는 가장 주요한 것이며, 기타 일로
하여금 공부에 영향을 끼치게 해서는 안 된다.

主要 zhǔyào 형 주요하다
其他 qítā 대 기타, 그 외
影响 yǐngxiǎng 동 영향을
끼치다

071 这辆自行车已经很旧了。

Zhè liàng zìxíngchē yǐjing hěn jiù le.

이 자전거는 이미 매우 낡았어요.

辆 liàng [양] 차량을 셀 때 쓰는 단위
自行车 zìxíngchē [명] 자전거
旧 jiù [형] 낡다, 오래 되다

072 拿盘子的时候要小心一点儿。

Ná pánzi de shíhou yào xiǎoxīn yìdiǎnr.

쟁반을 잡을 때는 좀 조심해야 해요.

★ POINT

'…的时候'는 '~할 때'라는 의미로 어떤 사건이나 상황이 발생한 때를 나타냅니다. '…的时'라고 하지 않도록 주의하세요!

拿 ná [동] 잡다, 쥐다, 가지다
盘子 pánzi [명] 쟁반, 접시
小心 xiǎoxīn [동] 조심하다, 주의하다

073 她买东西的时候习惯用信用卡。

Tā mǎi dōngxi de shíhou xíguàn yòng xìnyòngkǎ.

그녀는 물건을 살 때 신용카드 사용하는 것에 익숙하다.

习惯 xíguàn [동] 익숙해지다, 습관이 되다
用 yòng [동] 사용하다, 쓰다
信用卡 xìnyòngkǎ [명] 신용카드

074 会议什么时候才能结束啊? 真让人着急。

Huìyì shénme shíhou cái néng jiéshù a? Zhēn ràng rén zháojí.

회의는 언제가 되어서야 끝날까요? 정말 사람을 초조하게 하네요.

会议 huìyì [명] 회의
结束 jiéshù [동] 끝나다, 마치다
着急 zháojí [이합] 초조해하다, 조급해하다

075 为了提高汉语水平，我决定去中国留学。

Wèile tígāo Hànyǔ shuǐpíng, wǒ juédìng qù Zhōngguó liúxué.

중국어 수준을 향상시키기 위해, 나는 중국에 가서 유학하기로 결정했다.

为了 wèile [전] ~을 위하여
提高 tígāo [동] 향상시키다, 높이다
水平 shuǐpíng [명] 수준
决定 juédìng [명·동] 결정(하다)

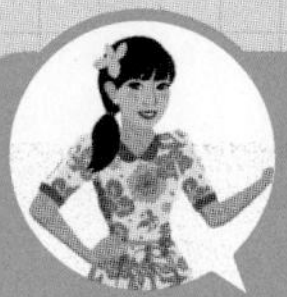

알고나면 쉬워지는 ☆ ☆ ☆
최은정의 시크릿 노트

1 过의 용법

문장 051

过는 품사에 따라 발음에도 차이가 있습니다.

발음	guò	guo
의미	[동] 지내다, 보내다	[조] ~한 적이 있다
예문	[예] 你过得怎么样? 당신은 어떻게 지내세요?	[예] 我吃过蛋糕。 나는 케이크를 먹어 본 적이 있다.

2 연동문

문장 056

연동문이란 주어 하나에 동사가 두 개 또는 두 개 이상으로 이루어진 문장을 의미합니다. 또한 한 문장에 여러 개의 동사를 나열할 때에는 동작이 발생한 순서대로 나열해야 합니다.

[예] 我去超市买东西。 나는 마트에 가서 물건을 산다.
(去: 동사1, 买: 동사2)

3 或者 VS 还是

문장 060

- A或者B: A와 B 둘 다 선택해도 되는 상황

  [예] 我打算明天或者后天去中国。 나는 내일 아니면 모레 중국에 갈 계획이다.

- A还是B: A와 B 중 하나를 선택해야 하는 상황

  [예] 今天是星期一还是星期二? 오늘 월요일이에요? 아니면 화요일이에요?

4 (一)点儿 VS 有(一)点儿

문장 072

	(一)点儿	有(一)点儿
뜻	조금, 약간	조금, 약간
품사	수량사	부사
위치	• 동사/형용사 + (一)点儿 [예] 快(一)点儿 좀 빨리	• 有(一)点儿 + 동사/형용사 [예] 有(一)点儿快 좀 빨라
	• (一)点儿 + 명사 [예] (一)点儿钱 약간의 돈	X
감정 색채	긍정·부정 모두 가능	부정적인 어감

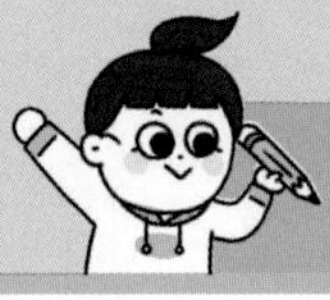

写一写

맞힌 개수 ____ / 25

✅ 우리말 해석을 보고 빈칸에 알맞은 중국어를 쓰세요.

51 당신은 요즘 어떻게 지내나요?

zuìjìn　　guò

你 ____ ____ 得怎么样?

52 어렸을 때 나는 엄마가 화내는 것이 매우 무서웠다.

hàipà　　shēngqì

小时候我很 ____ 妈妈 ____ 。

53 황허를 지나니, 나는 집에서 갈수록 가까워졌다.

Huánghé　　yuè　　yuè

过了 ____ ，我离家 ____ 走 ____ 近了。

54 이 문제에 관해, 그는 간단하게 몇 마디 대답했다.

Guānyú　　jiǎndān　　de　　huídá

____ 这个问题，他 ____ ____ ____ 了几句。

55 그는 이전에 중국에서 유학한 적이 있고, 후에 그 곳에서 직업을 찾았다.

yǐqián　　liú　　xué

他 ____ 在中国 ____ 过 ____ ，

hòulái

____ 在那里找到了工作。

빠른 정답

51 你最近过得怎么样?
52 小时候我很害怕妈妈生气。
53 过了黄河，我离家越走越近了。
54 关于这个问题，他简单地回答了几句。
55 他以前在中国留过学，后来在那里找到了工作。

56 나는 오늘 도서관에 가서 책을 반납하려고 한다.

　　　　túshūguǎn　　huán

我今天要去 ＿＿＿＿＿ ＿＿＿＿＿ 书。

57. 칠판 위에 한 송이의 꽃과 하나의 우산이 그려져 있다.

　　Hēibǎn　　　huà　　　　　huā　　　　sǎn

＿＿＿＿＿ 上 ＿＿＿＿＿ 着一朵 ＿＿＿＿＿ 和一把 ＿＿＿＿＿。

58 그녀는 이야기를 할 때, 목소리가 듣기 좋다.

　　jiǎng　　gùshi　　　　shēngyīn

她 ＿＿＿＿＿ ＿＿＿＿＿ 的时候, ＿＿＿＿＿ 很好听。

59 사람들의 노력을 거쳐, 이곳의 환경은 좋게 변했다.

　　Jīngguò　　　　nǔlì　　　　huánjìng

＿＿＿＿＿ 人们的 ＿＿＿＿＿, 这里的 ＿＿＿＿＿ 变好了。

60 주말에 나는 일반적으로 집에서 인터넷에 접속해서 게임을 하거나 혹은 공원에 가서 자전거를 탄다.

　　Zhōumò　　　yìbān　　　shàngwǎng　　yóuxì　　huòzhě

＿＿＿＿＿ 我 ＿＿＿＿＿ 在家 ＿＿＿＿＿ 玩 ＿＿＿＿＿ ＿＿＿＿＿

　　gōngyuán　　qí　　zìxíngchē

去 ＿＿＿＿＿ ＿＿＿＿＿ ＿＿＿＿＿。

빠른
정답

---

56 我今天要去图书馆还书。
57 黑板上画着一朵花和一把伞。
58 她讲故事的时候, 声音很好听。

59 经过人们的努力, 这里的环境变好了。
60 周末我一般在家上网玩游戏或者去公园
骑自行车。

61 그녀는 음악을 들으면서 음료를 마신다.

yìbiān   yīnyuè   yìbiān   yǐnliào

她 _____ 听 _____ _____ 喝 _____ 。

62 다시 검사해 보세요. 당신 여권은 가지고 있나요?

jiǎnchá   hùzhào   dài

再 _____ 一下，你的 _____ _____ 了吗?

63 최근 나와 그는 모두 바빠서, 만날 기회가 없다.

Zuìjìn   jiànmiàn   jīhuì

_____ 我和他都很忙，没有 _____ 的 _____ 。

64 이렇게 오랫동안 묻고, 그는 마침내 나에게 중국어 가르치는 것을 동의했다.

jiǔ   zhōngyú   tóngyì   jiāo

问了这么 _____ ，他 _____ _____ _____

Zhōngwén

我 _____ 了。

65 양은 단지 2개의 뿔이 있고, 새는 단지 2개의 발이 있는데, 말은 4개의 다리가 있다.

zhǐ   zhī   jiǎo   niǎo   zhǐ

羊 _____ 有两 _____ _____ ，_____ _____

zhī   jiǎo   mǎ   tiáo   tuǐ

有两 _____ _____ ，_____ 有四 _____ _____ 。

🔍 **빠른 정답**

61 她一边听音乐一边喝饮料。

62 再检查一下，你的护照带了吗?

63 最近我和他都很忙，没有见面的机会。

64 问了这么久，他终于同意教我中文了。

65 羊只有两只角，鸟只有两只脚，马有四条腿。

66 춘절은 중국의 가장 중요한 명절이다.

               zhòngyào   jiérì

春节是中国最 ▢▢▢ 的 ▢▢▢。

67 그는 길거리에 서서 이웃 사람과 이야기하고 있다.

       zhàn   jiēdào   línjū   liáotiānr

他 ▢▢▢ 在 ▢▢▢ 上和 ▢▢▢ ▢▢▢。

68 우리는 이 문제를 해결해야 하니, 시도해 봅시다.

      xūyào   jiějué   háishi   shìshi

我们 ▢▢▢ ▢▢▢ 这个问题, ▢▢▢ ▢▢▢ 吧。

69 제가 당신의 카메라를 빌려서 사진 한 장 찍어도 될까요?

       jiè   zhàoxiàngjī   zhāng zhàopiàn

我可以 ▢▢▢ 你的 ▢▢▢ 拍一 ▢▢▢ ▢▢▢ 吗?

70 학생에게 있어서, 공부는 가장 주요한 것이며, 기타 일로 하여금 공부에 영향을 끼치게 해서는 안 된다.

                zhǔyào   qítā

对学生来说, 学习是最 ▢▢▢ 的, 不能让 ▢▢▢ 事情
yǐngxiǎng

▢▢▢ 学习。

 빠른 정답

66 春节是中国最重要的节日。
67 他站在街道上和邻居聊天儿。
68 我们需要解决这个问题, 还是试试吧。

69 我可以借你的照相机拍一张照片吗?
70 对学生来说, 学习是最主要的, 不能
让其他事情影响学习。

71 이 자전거는 이미 매우 낡았어요.

liàng   zìxíngchē   jiù

这 ⬜⬜⬜⬜ 已经很 ⬜⬜⬜⬜ 了。

72 쟁반을 잡을 때는 좀 조심해야 해요.

Ná   pánzi   xiǎoxīn

⬜⬜⬜ ⬜⬜⬜ 的时候要 ⬜⬜⬜⬜ 一点儿。

73 그녀는 물건을 살 때 신용카드 사용하는 것에 익숙하다.

xíguàn   yòng   xìnyòngkǎ

她买东西的时候 ⬜⬜⬜⬜ ⬜⬜⬜ ⬜⬜⬜⬜。

74 회의는 언제가 되어서야 끝날까요? 정말 사람을 초조하게 하네요.

Huìyì   jiéshù

⬜⬜⬜⬜ 什么时候才能 ⬜⬜⬜⬜ 啊?

zháojí

真让人 ⬜⬜⬜。

75 중국어 수준을 향상시키기 위해, 나는 중국에 가서 유학하기로 결정했다.

Wèile   tígāo   shuǐpíng   juédìng

⬜⬜⬜⬜ ⬜⬜⬜ 汉语 ⬜⬜⬜⬜, 我 ⬜⬜⬜⬜ 去中国
留学。

🔍 빠른
정답

71 这辆自行车已经很旧了。   74 会议什么时候才能结束啊? 真让人着急。

72 拿盘子的时候要小心一点儿。   75 为了提高汉语水平, 我决定去中国留学。

73 她买东西的时候习惯用信用卡。

UNIT 04

유닛 학습 단어 80
학습 누적 단어 300
최종 목표 단어 300

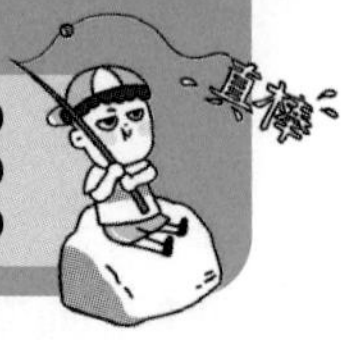

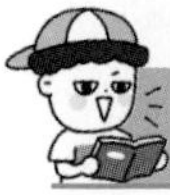

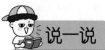

说一说

TRACK 3-16

076 她难过地哭了。

Tā nánguò de kū le.

그녀는 괴롭게 울었다.

- 难过 nánguò [형] 괴롭다, 슬프다
- 地 de [조] 부사어와 그 수식을 받는 서술어를 연결하는 조사
- 哭 kū [동] 울다

077 我不愿意打开空调。

Wǒ bú yuànyì dǎkāi kōngtiáo.

나는 에어컨 켜는 것을 원하지 않는다.

- 愿意 yuànyì [동] 원하다, ~하길 바라다
- 空调 kōngtiáo [명] 에어컨

078 她总是先刷牙然后洗脸。

Tā zǒngshì xiān shuāyá ránhòu xǐ liǎn.

그녀는 늘 먼저 이를 닦고 그런 다음 얼굴을 씻는다.

- 总是 zǒngshì [부] 늘, 언제나
- 先 xiān [부] 먼저, 우선
- 刷牙 shuāyá [이합] 이를 닦다
- 然后 ránhòu [접] 그런 다음, 그런 후에
- 脸 liǎn [명] 얼굴

079 我吃了很多甜的东西，现在极渴。

Wǒ chī le hěn duō tián de dōngxi, xiànzài jí kě.

나는 매우 많은 단 것을 먹었고, 지금 몹시 목마르다.

- 甜 tián [형] (맛이) 달다
- 极 jí [부] 몹시, 아주, 매우
- 渴 kě [형] 목 타다, 갈증이 나다

080 如果不清楚地知道一个国家的历史，就很难了解这个国家的文化。

Rúguǒ bù qīngchu de zhīdào yí ge guójiā de lìshǐ, jiù hěn nán liǎojiě zhège guójiā de wénhuà.

만약 한 국가의 역사를 분명하게 알지 못하면, 이 국가의 문화를 이해하기 어렵다.

- 如果 rúguǒ [접] 만약 ~라면 (주로 '就'와 호응)
- 清楚 qīngchu [형] 분명하다, 뚜렷하다
- 国家 guójiā [명] 국가, 나라
- 历史 lìshǐ [명] 역사
- 难 nán [형] 어렵다
- 了解 liǎojiě [동] 이해하다, 알다
- 文化 wénhuà [명] 문화

081 她离开这里向南走了。

Tā líkāi zhèli xiàng nán zǒu le.

그녀는 이곳을 떠나 남쪽을 향해 갔다.

离开 líkāi (동) 떠나다
向 xiàng (전) ~을 향해, ~에게
南 nán (명) 남(쪽)

---

082 他终于买了一双新皮鞋。

Tā zhōngyú mǎi le yì shuāng xīn píxié.

그는 결국 한 켤레의 가죽 구두를 샀다.

终于 zhōngyú (부) 결국, 마침내
双 shuāng (양) 켤레, 쌍
皮鞋 píxié (명) 가죽 구두

---

083 洗澡的时候应该先洗头发。

Xǐzǎo de shíhou yīnggāi xiān xǐ tóufa.

샤워할 때 먼저 머리를 감아야 한다.

洗澡 xǐzǎo (이합) 샤워하다, 목욕하다
应该 yīnggāi (조동) 마땅히 ~해야 한다
头发 tóufa (명) 머리카락

---

084 老师要求我们每天练习说汉语。

Lǎoshī yāoqiú wǒmen měitiān liànxí shuō Hànyǔ.

선생님은 우리에게 매일 중국어 말하기를 연습할 것을 요구한다.

要求 yāoqiú (명동) 요구(하다)
练习 liànxí (명동) 연습(하다)

---

085 学汉语这么久了，她还是不能开口说句子。

Xué Hànyǔ zhème jiǔ le, tā háishi bù néng kāi kǒu shuō jùzi.

중국어를 배운 지 이렇게 오래되었는데, 그녀는 아직 입을 열어 문장을 말하지 못한다.

久 jiǔ (형) 오래다, (시간이) 길다
还是 háishi (부) 아직도, 여전히, ~하는 편이 (더) 좋다
口 kǒu (명) 입, 말
句子 jùzi (명) 문장

086 飞机马上就要起飞了。

Fēijī mǎshàng jiù yào qǐfēi le.

비행기가 곧 이륙하려고 한다.

马上 mǎshàng 🖲 곧, 즉시
起飞 qǐfēi 🖲 (비행기가) 이륙하다

★ POINT

就要…了는 '곧 ~하려고 하다'라는 의미로 발생의 임박을 나타냅니다.

087 树上有很多绿色的叶子。

Shù shàng yǒu hěn duō lǜsè de yèzi.

나무 위에 많은 초록색 잎이 있다.

树 shù 🖲 나무
绿 lǜ 🖲 초록의, 푸르다

088 他对新买的帽子很满意。

Tā duì xīn mǎi de màozi hěn mǎnyì.

그는 새로 산 모자에 만족한다.

帽子 màozi 🖲 모자
满意 mǎnyì 🖲🖲 만족하다

089 爷爷虽然老了，但身体很健康。

Yéye suīrán lǎo le, dàn shēntǐ hěn jiànkāng.

할아버지는 비록 나이 드셨지만, 그러나 몸이 건강하시다.

爷爷 yéye 🖲 할아버지
老 lǎo 🖲 나이 먹다, 늙다
健康 jiànkāng 🖲🖲 건강(하다)

090 不好意思，我可以用一下你家的洗手间吗?

Bù hǎo yìsi, wǒ kěyǐ yòng yíxià nǐ jiā de xǐshǒujiān ma?

죄송한데, 제가 당신 집의 화장실을 좀 쓸 수 있을까요?

用 yòng 🖲 사용하다, 쓰다
洗手间 xǐshǒujiān 🖲 화장실

091
他最后决定五点一刻回家。
Tā zuìhòu juédìng wǔ diǎn yí kè huíjiā.
그는 마지막에 5시 15분에 집에 돌아가기로 결정했다.

最后 zuìhòu 명 맨 마지막, 최후
决定 juédìng 명동 결정(하다)
刻 kè 양 15분

★ POINT
'5시 45분'을 표현하는 다양한 방법
五点四十五(分) = 五点三刻 = 差一刻六点

092
你要注意身体，照顾好自己。
Nǐ yào zhùyì shēntǐ, zhàogù hǎo zìjǐ.
당신은 건강에 주의하고 자신을 잘 돌봐야 합니다.

注意 zhùyì 동 주의하다, 조심하다
照顾 zhàogù 동 돌보다, 보살펴 주다
自己 zìjǐ 대 자신, 자기

093
其实要相信其他人是很不容易的。
Qíshí yào xiāngxìn qítā rén shì hěn bù róngyì de.
사실 다른 사람을 믿으려고 하는 것은 매우 쉽지 않은 것이다.

其实 qíshí 부 사실은
相信 xiāngxìn 동 믿다
其他 qítā 대 기타, 그 외
容易 róngyì 형 쉽다

094
女儿才上一年级，很多事情都还不明白。
Nǚ'ér cái shàng yī niánjí, hěn duō shìqing dōu hái bù míngbai.
딸은 겨우 1학년에 다녀서, 많은 일들을 모두 아직 이해하지 못한다.

年级 niánjí 명 학년
明白 míngbai 동 이해하다, 알다

095
她身体不舒服，头也疼，所以今天的体育课请假了。
Tā shēntǐ bù shūfu, tóu yě téng, suǒyǐ jīntiān de tǐyù kè qǐngjià le.
그녀는 몸이 불편하고 머리도 아파서, 오늘의 체육 수업은 조퇴를 신청했다.

舒服 shūfu 형 (신체나 정신이) 편안하다
疼 téng 형 아프다
体育 tǐyù 명 체육
请假 qǐngjià 이합 (조퇴·결근·외출·휴가 등을) 신청하다, 허가를 받다

096 太阳比月亮更大。

Tàiyáng bǐ yuèliang gèng dà.

태양이 달보다 더 크다.

太阳 tàiyáng 몡 태양
月亮 yuèliang 몡 달
更 gèng 뿐 더, 더욱

---

097 孩子们用歌声热情地欢迎我们。

Háizimen yòng gēshēng rèqíng de huānyíng wǒmen.

아이들은 노랫소리로 따뜻하게 우리를 환영했다.

热情 rèqíng 톙 마음이 따뜻하다,
친절하다
欢迎 huānyíng 몡동 환영(하다)

★ POINT

地는 조사로 부사어와 그 수식을 받는 서술어를 연결하는 역할을
합니다.

---

098 这位司机已经接送过几万位客人了。

Zhè wèi sījī yǐjing jiē sòng guo jǐ wàn wèi kèrén le.

이 기사님은 이미 몇 만 명의 손님을 마중하고 배웅한 적이 있다.

位 wèi 얭 존칭으로 사람을 세는
단위
司机 sījī 몡 운전기사, 조종사
接 jiē 동 마중하다, 맞이하다
万 wàn 윙 만
客人 kèrén 몡 손님

---

099 西方人喜欢吃面包，但东方人喜欢吃米饭。

Xīfāng rén xǐhuan chī miànbāo, dàn dōngfāng rén xǐhuan chī mǐfàn.

서방 사람들은 빵을 먹는 것을 좋아하지만, 동방 사람들은 쌀밥 먹는 것을 좋아한다.

西 xī 몡 서(쪽)
面包 miànbāo 몡 빵
东 dōng 몡 동(쪽)
米 mǐ 몡 쌀

---

100 那个蓝色的瓶子虽然很漂亮，但放在这里有点儿奇怪。

Nàge lánsè de píngzi suīrán hěn piàoliang, dàn fàng zài zhèli yǒudiǎnr qíguài.

저 남색의 병은 비록 예쁘지만, 여기 놓으니 조금 이상하다.

蓝 lán 톙 남색의
瓶子 píngzi 몡 병
放 fàng 동 놓다, 두다
奇怪 qíguài 톙 이상하다

1 겸어문

문장 084

한 문장에 두 개 이상의 동사가 나오고, 앞에 나오는 동사의 목적어가 뒤에 나오는 동사의 주어 역할을 겸하는 문장을 겸어문이라고 합니다.

예)
주어 동사2 목적어
他 要求 我 参加 比赛。 그는 나에게 시합에 참가할 것을 요구한다.
주어 동사1 목적어 겸어

위의 겸어문은 '他要求我(그는 나에게 요구한다)'라는 문장과 '我参加比赛(나는 시합에 참가한다)'라는 문장이 하나로 연결되어 있습니다. 이때 '我'는 두 문장의 연결 고리로써, 要求(동사1)의 목적어 역할을 하면서, 参加(동사2)의 주어 역할을 합니다.

2 부사 才

문장 094

의미	겨우, 고작	그제야, 비로소
쓰임	수량이 예상보다 적을 때	동작의 발생이 예상보다 늦을 때
예문	他才三岁。 그는 겨우 3살이다.	会议五点才结束。 회의는 5시가 되어서야 끝났다.

3 比를 활용한 비교문

문장 096

比를 활용한 비교문은 'A比B+(更/还)+서술어' 구조로 쓰이며, 'A는 B보다 (더/더욱) ~하다'라는 의미를 나타냅니다. 여기에서 주의할 점은 更/还 자리에 很이나 非常 등의 정도부사를 사용할 수 없습니다.

예) 今天比昨天很热。 (X)

今天比昨天更热。 오늘은 어제보다 더 덥다. (O)

写一写

✅ 우리말 해석을 보고 빈칸에 알맞은 중국어를 쓰세요.

76 그녀는 괴롭게 울었다.

　　　nánguò　　　de　　　kū

她 ＿＿＿＿＿ ＿＿＿＿＿ ＿＿＿＿＿ 了。

77 나는 에어컨 켜는 것을 원하지 않는다.

　　　yuànyì　　　kōngtiáo

我不 ＿＿＿＿＿ 打开 ＿＿＿＿＿。

78 그녀는 늘 먼저 이를 닦고 그런 다음 얼굴을 씻는다.

　　　zǒngshì　　xiān　　shuāyá　　ránhòu　　　liǎn

她 ＿＿＿＿＿ ＿＿＿＿＿ ＿＿＿＿＿ ＿＿＿＿＿ 洗 ＿＿＿＿＿。

79 나는 매우 많은 단 것을 먹었고, 지금 몹시 목마르다.

　　　　　tián　　　　　　　　　jí　　　kě

我吃了很多 ＿＿＿＿＿ 的东西，现在 ＿＿＿＿＿ ＿＿＿＿＿。

80 만약 한 국가의 역사를 분명하게 알지 못하면, 이 국가의 문화를 이해하기 어렵다.

　　Rúguǒ　　qīngchu　　　　　guójiā　　　lìshǐ

＿＿＿＿＿ 不 ＿＿＿＿＿ 地知道一个 ＿＿＿＿＿ 的 ＿＿＿＿＿，

　　　　　nán　　liǎojiě　　　　guójiā　　wénhuà

就很 ＿＿＿＿＿ ＿＿＿＿＿ 这个 ＿＿＿＿＿ 的 ＿＿＿＿＿。

 빠른 정답

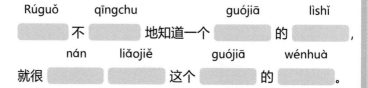

76 她难过地哭了。

77 我不愿意打开空调。

78 她总是先刷牙然后洗脸。

79 我吃了很多甜的东西，现在极渴。

80 如果不清楚地知道一个国家的历史，就很难了解这个国家的文化。

81 그녀는 이곳을 떠나 남쪽을 향해 갔다.

líkāi   xiàng   nán

她 ⬜⬜⬜ 这里 ⬜⬜⬜ ⬜⬜⬜ 走了。

82 그는 결국 한 켤레의 가죽 구두를 샀다.

zhōngyú   shuāng   píxié

他 ⬜⬜⬜ 买了一 ⬜⬜⬜ 新 ⬜⬜⬜。

83 샤워할 때 먼저 머리를 감아야 한다.

Xǐzǎo   yīnggāi   tóufa

⬜⬜⬜ 的时候 ⬜⬜⬜ 先洗 ⬜⬜⬜。

84 선생님은 우리에게 매일 중국어 말하기를 연습할 것을 요구한다.

yāoqiú   liànxí

老师 ⬜⬜⬜ 我们每天 ⬜⬜⬜ 说汉语。

85 중국어를 배운 지 이렇게 오래되었는데, 그녀는 아직 입을 열어 문장을 말하지 못한다.

jiǔ   háishi   kǒu

学汉语这么 ⬜⬜⬜ 了，她 ⬜⬜⬜ 不能开 ⬜⬜⬜ 说

jùzi

⬜⬜⬜。

🔍 **빠른**
정답

81 她离开这里向南走了。

82 他终于买了一双新皮鞋。

83 洗澡的时候应该先洗头发。

84 老师要求我们每天练习说汉语。

85 学汉语这么久了，她还是不能开口说
句子。

86 비행기가 곧 이륙하려고 한다.

　　　　　mǎshàng　　　　qǐfēi

飞机 [　　　　] 就要 [　　　　] 了。

87 나무 위에 많은 초록색 잎이 있다.

　　Shù　　　　　　　　lǜ

[　　　　] 上有很多 [　　　　] 色的叶子。

88 그는 새로 산 모자에 만족한다.

　　　　　　　　màozi　　　　mǎnyì

他对新买的 [　　　　] 很 [　　　　]。

89 할아버지는 비록 나이 드셨지만, 그러나 몸이 건강하시다.

　　Yéye　　　　　lǎo　　　　　　　jiànkāng

[　　　　] 虽然 [　　　　] 了，但身体很 [　　　　]。

90 죄송한데, 제가 당신 집의 화장실을 좀 쓸 수 있을까요?

　　　　　　　　　　yòng　　　　　xǐshǒujiān

不好意思，我可以 [　　　　] 一下你家的 [　　　　] 吗?

빠른
정답

86 飞机马上就要起飞了。
87 树上有很多绿色的叶子。
88 他对新买的帽子很满意。

89 爷爷虽然老了，但身体很健康。
90 不好意思，我可以用一下你家的洗手间吗?

91 그는 마지막에 5시 15분에 집에 돌아가기로 결정했다.

　　　zuìhòu　　juédìng　　　　　　kè

他 ◻◻◻◻ ◻◻◻◻ 五点一 ◻◻◻◻ 回家。

92 당신은 건강에 주의하고 자신을 잘 돌봐야 합니다.

　　　　zhùyì　　　　　　zhàogù　　　zìjǐ

你要 ◻◻◻◻ 身体, ◻◻◻◻ 好 ◻◻◻◻。

93 사실 다른 사람을 믿으려고 하는 것은 매우 쉽지 않은 것이다.

　　Qíshí　　xiāngxìn　　qítā　　　　　róngyì

◻◻◻◻ 要 ◻◻◻◻ ◻◻◻◻ 人是很不 ◻◻◻◻ 的。

94 딸은 겨우 1학년에 다녀서, 많은 일들을 모두 아직 이해하지 못한다.

　　　　　　niánjí　　　　　　　　　　míngbai

女儿才上一 ◻◻◻◻ , 很多事情都还不 ◻◻◻◻。

95 그녀는 몸이 불편하고 머리도 아파서, 오늘의 체육 수업은 조퇴를 신청했다.

　　　　shūfu　　　　　téng　　　　　　　tǐyù

她身体不 ◻◻◻◻ , 头也 ◻◻◻◻ , 所以今天的 ◻◻◻◻

　　qǐngjià

课 ◻◻◻◻ 了。

 빠른 정답

91 他最后决定五点一刻回家。
92 你要注意身体, 照顾好自己。
93 其实要相信其他人是很不容易的。

94 女儿才上一年级, 很多事情都还不明白。
95 她身体不舒服, 头也疼, 所以今天的体育课请假了。

96 태양이 달보다 더 크다.

    Tàiyáng   yuèliang   gèng

    ████ 比 ████ ████ 大。

97 아이들은 노랫소리로 따뜻하게 우리를 환영했다.

                rèqíng   huānyíng

孩子们用歌声 ████ 地 ████ 我们。

98 이 기사님은 이미 몇 만 명의 손님을 마중하고 배웅한 적이 있다.

    wèi   sījī   jiē

这 ████ ████ 已经 ████ 送过几

    wàn   kèrén

████ 位 ████ 了。

99 서방 사람들은 빵을 먹는 것을 좋아하지만, 동방 사람들은 쌀밥 먹는 것을 좋아
한다.

    Xī   miànbāo   dōng

████ 方人喜欢吃 ████，但 ████ 方人喜欢吃

    mǐ

████ 饭。

100 저 남색의 병은 비록 예쁘지만, 여기 놓으니 조금 이상하다.

       lán   píngzi   fàng

那个 ████ 色的 ████ 虽然很漂亮，但 ████ 在

        qíguài

这里有点儿 ████。

 빠른
정답

96 太阳比月亮更大。

97 孩子们用歌声热情地欢迎我们。

98 这位司机已经接送过几万位客人了。

99 西方人喜欢吃面包，但东方人喜欢吃米饭。

100 那个蓝色的瓶子虽然很漂亮，但放在这里
有点儿奇怪。

[듣기]

🎧 TRACK 3-21

1-4. 녹음 내용과 가장 관련 있는 사진을 고르세요.

TIP

사진을 미리 보고 눈에 띄는 사물이나 동작 등의 단어를 떠올려 본다.

A

B

C

D

1. ☐

2. ☐

3. ☐

4. ☐

[독해]

TIP

빈칸에 들어갈 품사를 파악하고 보기에서 가장 알맞은 어휘를 선택한다.

5-9. 빈칸에 들어갈 알맞은 보기를 선택하세요.

| A 必须 | B 瘦 | C 结婚 | D 一刻 | E 关于 |

5. 因为工作比较忙，小王最近（　　）了很多。

6. 老师，这次考试（　　）用铅笔答题吗？

7. 我的表比学校的快了（　　　）。

8. A：好久没看见白老师了，他不在这儿住了？

　　B：是，他（　　　）以后就和妻子搬到学校去住了。

9. A：这个电视节目是（　　　）什么的？

　　B：是中国文化的。

[쓰기]

10–12. 문장과 한어병음을 보고 빈칸에 알맞은 한자를 쓰세요.

TIP

모든 문제는 하나의 빈칸에 들어간 문장으로 구성되어 있다. 빈칸에 들어갈 알맞은 한자를 쓴다.

bǐ

10. 对猫来说，小鱼（　　　）羊肉更好吃。

zǒng

11. 弟弟（　　　）是很容易相信别人。

tiān

12. 阴（　　　）的晚上可能见不到月亮。

빠른 정답

[듣기] **1** B　　**2** A　　**3** D　　**4** C

[듣기 지문]

1. 女：我借的这本词典，今天必须还了，但我没时间去。
　　男：别担心，我下午回去图书馆，我帮你还。

2. 男：你今天怎么也没坐电梯？
　　女：吃的太饱了，走楼梯运动运动。

3. 女：早啊，我几乎每次来公园都能看到你在跑步。
　　男：对，我每天早晚都会来公园锻炼。

4. 男：医生，我是不是再也站不起来了？
　　女：别着急，两三个月后你的腿一定能好，相信我。

[독해] **5** B　　**6** A　　**7** D　　**8** C　　**9** E

[쓰기] **10** 比　　**11** 总　　**12** 天

[듣기]

🎧 TRACK 3-22

1~4. 녹음 내용과 가장 관련 있는 사진을 고르세요.

TIP

사진을 미리 보고 눈에
띄는 사물이나 동작 등의
단어를 떠올려 본다.

A

B

C

D

1. ☐

2. ☐

3. ☐

4. ☐

[독해]

TIP

빈칸에 들어갈 품사를
파악하고 보기에서 가장
알맞은 어휘를 선택한다.

5~9. 빈칸에 들어갈 알맞은 보기를 선택하세요.

> A 坏　　B 游戏　　C 注意　　D 一共　　E 低

5. 我们去黄山玩儿了8天，（　　　）花了9000多。

6. 你应该对别人的要求（　　　）一点儿。

7. 你是不是忘记把牛奶放冰箱里了？两包都（ 　　　 ）了。

8. A：这个（ 　　　 ）真好玩儿，我能不能再玩儿一会儿？

　　 B：不可以，每天只能玩半个小时。

9. A：对不起，王经理，我迟到了。

　　 B：没关系，先坐下开会吧，以后（ 　　　 ）点儿。

[쓰기]

10-12. 문장과 한어병음을 보고 빈칸에 알맞은 한자를 쓰세요.

cǎo

10. 你的头发太长了，像（ 　　　 ）一样。

mǐ

11. 我已经饱了，不想吃（ 　　　 ）饭了。

sǎn

12. 太阳出来了，不用带雨（ 　　　 ）了。

빠른 정답

[듣기] 1 C　　2 A　　3 D　　4 B

[듣기 지문]

1. 男：这件衬衫怎么样？
   女：看起来比刚才那件好，你去试试吧。

2. 女：你拿好，小心点儿。
   男：放心吧，我又不是第一次换灯的。

3. 男：我钱包里没钱了，还差4元6角。你带钱了吗？

女：我身上一分钱也没有。这样吧，鸡蛋先别要了。

4. 女：那两个箱子里是碗和筷子什么的，你要小心。
   男：我知道了，那我把它们放哪儿？

[독해] 5 D　　6 E　　7 A　　8 B　　9 C

[쓰기] 10 草　　11 米　　12 伞

문장으로 끝내는
HSK
단어장

china.siwonschool.com

4급

 说一说

🎧 TRACK 4-01

001 ☑

在森林里迷路很危险。
Zài sēnlín lǐ mílù hěn wēixiǎn.
숲 속에서 길을 잃으면 위험하다.

森林 sēnlín 몡 숲, 삼림
迷路 mílù 이합 길을 잃다
危险 wēixiǎn 몡·형 위험(하다)

002

你换国籍的目的究竟是什么?
Nǐ huàn guójí de mùdì jiūjìng shì shénme?
당신이 국적을 바꾸려는 목적이 도대체 무엇인가요?

国籍 guójí 몡 국적
目的 mùdì 몡 목적
究竟 jiūjìng 뷔 도대체

003

因为他很诚实,所以父亲表扬了他。
Yīnwèi tā hěn chéngshí, suǒyǐ fùqīn biǎoyáng le tā.
그의 성실함 때문에, 아버지는 그를 칭찬했다.

诚实 chéngshí 형 성실하다
父亲 fùqīn 몡 아버지, 부친
表扬 biǎoyáng 동 칭찬하다

004

到了国外你要注意安全, 快点儿适应新生活。
Dào le guówài nǐ yào zhùyì ānquán,
kuài diǎnr shìyìng xīn shēnghuó.
외국에 가면 너는 안전에 주의하고, 좀 빨리 새로운
생활에 적응해야 한다.

安全 ānquán 몡·형 안전(하다)
适应 shìyìng 동 적응하다
生活 shēnghuó 몡·동 생활(하다)

005

我每次打他的电话号码都 占线,到底是什么原因啊?
Wǒ měicì dǎ tā de diànhuà hàomǎ dōu
zhànxiàn, dàodǐ shì shénme yuányīn a?
내가 매번 그의 전화번호로 전화를 걸면 통화 중인데,
도대체 무슨 원인일까?

号码 hàomǎ 몡 번호
占线 zhànxiàn 이합 (전화가)
통화 중이다
到底 dàodǐ 뷔 도대체
原因 yuányīn 몡 원인

---

006 我们应该节约生活用水。
Wǒmen yīnggāi jiéyuē shēnghuó yòngshuǐ.
우리는 생활용수를 절약해야 한다.

节约 jiéyuē [동] 절약하다

007 她保证这个学期按时来上课。
Tā bǎozhèng zhège xuéqī ànshí lái shàngkè.
그녀는 이번 학기에는 제때 수업하러 오겠다고 약속했다.

保证 bǎozhèng [동] 약속하다, 보증하다
学期 xuéqī [명] 학기
按时 ànshí [부] 제때에, 제시간에, 규정된 시간대로

008 这位京剧演员的表演实在太棒了。
Zhè wèi jīngjù yǎnyuán de biǎoyǎn shízài tài bàng le.
이 경극 연기자의 공연은 정말 너무 멋지다.

京剧 jīngjù [명] 경극
演员 yǎnyuán [명] 연기자, 배우
表演 biǎoyǎn [명·동] 공연(하다), 연기(하다)
实在 shízài [부] 정말, 진정, 참으로
棒 bàng [형] 멋지다, 뛰어나다, 훌륭하다

009 既然到了中国，就应该去参观一下长城。
Jìrán dào le Zhōngguó, jiù yīnggāi qù cānguān yíxià Chángchéng.
기왕 중국에 왔으니, 만리장성을 한 번 참관하러 가야 합니다.

★ POINT
既然A, 就B는 '기왕 A한 이상, B하다'라는 의미입니다.

既然 jìrán [접] 기왕 그렇게 된 이상, 이미 이렇게 된 바에야
参观 cānguān [동] 참관하다, 견학하다
长城 Chángchéng [고유] 만리장성

010 成功=百分之九十九的汗水+百分之一的能力。
Chénggōng = bǎi fēn zhī jiǔshíjiǔ de hànshuǐ + bǎi fēn zhī yī de nénglì.
성공은 99%의 땀과 1%의 능력이 더해진 것이다.

成功 chénggōng [명·동] 성공(하다)
百分之 bǎi fēn zhī 퍼센트(%)
汗 hàn [명] 땀
能力 nénglì [명] 능력

011 他成为了著名的作家。

Tā chéngwéi le zhùmíng de zuòjiā.

그는 유명한 작가가 되었다.

成为 chéngwéi 동 ~이 되다
著名 zhùmíng 형 유명하다, 저명하다
作家 zuòjiā 명 작가

012 植物也有生命，我们应该尊重它们。

Zhíwù yě yǒu shēngmìng, wǒmen yīnggāi zūnzhòng tāmen.

식물도 생명이 있으니, 우리는 그것들을 존중해야 한다.

植物 zhíwù 명 식물
生命 shēngmìng 명 생명
尊重 zūnzhòng 동 존중하다

013 请你用标准的普通话读一遍这篇文章。

Qǐng nǐ yòng biāozhǔn de pǔtōnghuà dú yí biàn zhè piān wénzhāng.

당신이 표준적인 표준어를 사용해서 이 글을 한 번 읽어주세요.

标准 biāozhǔn 형 표준적이다
普通话 pǔtōnghuà 명 표준어
遍 biàn 양 번, 회
篇 piān 양 글을 세는 단위
文章 wénzhāng 명 글

★ POINT

趟은 '번, 차례'라는 의미로 왕복하는 횟수를 나타냅니다.

014 他年龄是我的三倍，脾气却像小孩子一样。

Tā niánlíng shì wǒ de sān bèi, píqi què xiàng xiǎo háizi yíyàng.

그는 나이가 나의 3배인데, 성격은 오히려 어린 아이와 같다.

年龄 niánlíng 명 나이, 연령
倍 bèi 양 배, 배수
脾气 píqi 명 성격, 성깔
却 què 부 오히려, 그러나

015 等你减肥成功以后，再打扮一下，一定很漂亮。

Děng nǐ jiǎnféi chénggōng yǐhòu, zài dǎban yíxià, yídìng hěn piàoliang.

당신이 다이어트를 성공할 때까지 기다린 이후 좀 꾸미면 반드시 예쁠 거예요.

减肥 jiǎnféi 이합 다이어트하다
打扮 dǎban 동 꾸미다, 화장하다

016 这次网球比赛我们输了。

Zhè cì wǎngqiú bǐsài wǒmen shū le.

이번 테니스 경기는 우리가 졌다.

网球 wǎngqiú 몡 테니스(공)
输 shū 통 지다

---

017 你乘坐的航班什么时候降落?

Nǐ chéngzuò de hángbān shénme shíhou jiàngluò?

당신이 탑승한 항공편은 언제 착륙합니까?

乘坐 chéngzuò 통 탑승하다, (탈 것에) 타다
航班 hángbān 몡 (비행기나 배의) 항공편, 운항편
降落 jiàngluò 통 착륙하다

---

018 让所有支持我的人失望了,
我非常抱歉。

Ràng suǒyǒu zhīchí wǒ de rén shīwàng le,
wǒ fēicháng bàoqiàn.

모든 저를 지지하는 분들을 실망하게 만들어서,
저는 매우 미안하게 생각합니다.

所有 suǒyǒu 몡 모든, 전부의
支持 zhīchí 통 지지하다
失望 shīwàng 통 실망하다
抱歉 bàoqiàn 통 미안하게 생각하다, 미안해하다

---

019 即使她确实有点儿笨,咱们也
不应该笑话她呀!

Jíshǐ tā quèshí yǒudiǎnr bèn, zánmen yě
bù yīnggāi xiàohua tā ya!

설령 그녀가 정말로 조금 멍청할지라도, 우리는 그래도
그녀를 조롱해서는 안 된다!

即使 jíshǐ 젭 설령 ~일지라도
确实 quèshí 뮈 정말로, 확실히
笨 bèn 혱 멍청하다, 어리석다
咱们 zánmen 떼 우리(들)
笑话 xiàohua 통 조롱하다, 비웃다
呀 ya 조 의문, 감탄의 어기를 강조함

★ POINT

即使A, 也B는 '설령 A일지라도, B하다'라는 의미입니다.

---

020 这件衣服本来挺合适的,可是
洗完以后好像变小了。

Zhè jiàn yīfu běnlái tǐng héshì de, kěshì
xǐ wán yǐhòu hǎoxiàng biàn xiǎo le.

이 옷은 본래 아주 잘 맞았지만, 빨고 난 후 마치 작게 변
한 것 같다.

本来 běnlái 뮈 본래, 원래
挺 tǐng 뮈 아주, 매우, 대단히
合适 héshì 혱 알맞다, 적당하다, 적합하다
可是 kěshì 젭 그러나, 하지만
好像 hǎoxiàng 뮈 마치 (~과 같다)

021 富人没有经济上的压力。

Fù rén méiyǒu jīngjì shàng de yālì.

부자는 경제상의 스트레스가 없다.

富 fù 働 부유하다, 재산이 많다, 잘살다
经济 jīngjì 働 경제
压力 yālì 働 스트레스

---

022 经理增加的任务使她感觉很累。

Jīnglǐ zēngjiā de rènwù shǐ tā gǎnjué hěn lèi.

사장이 증가시킨 임무는 그녀를 힘들다고 느끼게 한다.

增加 zēngjiā 働 증가하다, 더하다, 늘리다
任务 rènwù 働 임무
使 shǐ 働 ~로 하여금 ~하게 하다
感觉 gǎnjué 働 느끼다, 여기다

---

023 教授对学生的看法表示理解和肯定。

Jiàoshòu duì xuésheng de kànfǎ biǎoshì lǐjiě hé kěndìng.

교수는 학생들의 견해에 대해 이해와 긍정을 나타냈다.

教授 jiàoshòu 働 교수
看法 kànfǎ 働 견해
表示 biǎoshì 働 (생각·감정·태도 등을) 나타내다
理解 lǐjiě 働働 이해(하다)
肯定 kěndìng 働働 긍정(하다)

---

024 在大使馆申请签证的时候需要交很多表格。

Zài dàshǐguǎn shēnqǐng qiānzhèng de shíhou xūyào jiāo hěn duō biǎogé.

대사관에서 비자를 신청할 때는 많은 표를 제출해야 한다.

大使馆 dàshǐguǎn 働 대사관
申请 shēnqǐng 働 신청하다
签证 qiānzhèng 働 비자
交 jiāo 働 제출하다, 넘기다, 건네다, 내다
表格 biǎogé 働 표, 양식, 서식

★ POINT
在……时/的时候는 '~할 때'라는 의미입니다.

---

025 不要做法律禁止的事情，例如扔垃圾、放火等。

Búyào zuò fǎlǜ jìnzhǐ de shìqing, lìrú rēng lājī, fànghuǒ děng.

예를 들어 쓰레기를 (아무 데나) 버리고 불을 지르는 등의 법률이 금지하는 일을 하지 마세요.

法律 fǎlǜ 働 법률
禁止 jìnzhǐ 働 금지하다
例如 lìrú 働 예를 들어
扔 rēng 働 버리다, 던지다
火 huǒ 働 불
等 děng 働 등, 따위

알고나면 쉬워지는 ☆ ☆ ☆
최은정의 시크릿 노트

1 实在의 용법
문장 008

实在는 크게 부사와 형용사 두 가지 용법이 있습니다.

품사	부사	형용사
의미	정말, 진정, 참으로 (实在是로도 사용 가능함)	진실하다, 성실하다
예문	예 这实在是太好了。 이거 정말 너무 좋다.	예 他这个人很实在。 그는 사람이 진실하다.

2 양사 倍
문장 014

'배, 배수, 곱절'이라는 의미의 倍는 '수사 + 倍' 형태로 나타냅니다.

예 숫자 3 -> 6이 되려면 增加了一倍。2배가 늘었다.

　　숫자 3 -> 9가 되려면 增加了两倍。3배가 늘었다.

3 合适 VS 适合
문장 020

合适와 适合는 '알맞다, 적합하다'라는 뜻으로 의미는 같지만, 쓰임에는 차이가 있습니다.

· 合适는 형용사로 뒤에 목적어를 취할 수 없습니다.

　　예 这件衣服对你很合适。이 옷 너에게 잘 어울린다.

· 适合는 동사로 뒤에 목적어를 취할 수 있습니다.

　　예 这件衣服很适合你。이 옷 너에게 잘 어울린다.

4 需要의 용법
문장 024

需要는 뒤에 동사 목적어와 명사 목적어를 모두 취할 수 있습니다.

품사	조동사	동사
의미	~해야 한다	필요로 하다
구조	需要 + 동사 목적어	需要 + 명사 목적어
예문	예 需要 [买一本书]。 동사 목적어 책 한 권을 사야 해.	예 需要 [一本书]。 명사 목적어 책 한 권이 필요해.

写一写 맞힌 개수 ☐ / 25

✅ 우리말 해석을 보고 빈칸에 알맞은 중국어를 쓰세요.

1 숲 속에서 길을 잃으면 위험하다.

　　　sēnlín　　　mílù　　　wēixiǎn

在 ＿＿＿ 里 ＿＿＿ 很 ＿＿＿。

2 당신이 국적을 바꾸려는 목적이 도대체 무엇인가요?

　　　guójí　　　mùdì　　　jiūjìng

你换 ＿＿＿ 的 ＿＿＿ ＿＿＿ 是什么?

3 그의 성실함 때문에, 아버지는 그를 칭찬했다.

　　　chéngshí　　　fùqīn　　biǎoyáng

因为他很 ＿＿＿, 所以 ＿＿＿ ＿＿＿ 了他。

4 외국에 가면 너는 안전에 주의하고, 좀 빨리 새로운 생활에 적응해야 한다.

　　　ānquán　　　shìyìng

到了国外你要注意 ＿＿＿, 快点儿 ＿＿＿ 新

shēnghuó

＿＿＿。

5 내가 매번 그의 전화번호로 전화를 걸면 통화 중인데, 도대체 무슨 원인일까?

　　　hàomǎ　　　zhànxiàn　　dàodǐ

我每次打他的电话 ＿＿＿ 都 ＿＿＿, ＿＿＿ 是

yuányīn

什么 ＿＿＿ 啊?

 빠른 정답

1 在森林里迷路很危险。
2 你换国籍的目的究竟是什么?
3 因为他很诚实, 所以父亲表扬了他。

4 到了国外你要注意安全, 快点儿适应新生活。
5 我每次打他的电话号码都占线, 到底是什么原因啊?

6 우리는 생활용수를 절약해야 한다.

　　　　　jiéyuē

我们应该 ▢▢▢▢ 生活用水。

7 그녀는 이번 학기에는 제때 수업하러 오겠다고 약속했다.

　　bǎozhèng　　　　xuéqī　　　ànshí

她 ▢▢▢▢ 这个 ▢▢▢▢ ▢▢▢▢ 来上课。

8 이 경극 연기자의 공연은 정말 너무 멋지다.

　　　　jīngjù　　yǎnyuán　　biǎoyǎn　　shízài

这位 ▢▢▢▢ ▢▢▢▢ 的 ▢▢▢▢ ▢▢▢▢ 太

　bàng

▢▢▢▢ 了。

9 기왕 중국에 왔으니, 만리장성을 한 번 참관하러 가야 합니다.

　　Jìrán　　　　　　　　　cānguān　　　Chángchéng

▢▢▢▢ 到了中国，就应该去 ▢▢▢▢ 一下 ▢▢▢▢。

10 성공은 99%의 땀과 1%의 능력이 더해진 것이다.

　Chénggōng　bǎi fēn zhī　　　　　　hàn　　　　bǎi fēn zhī

▢▢▢▢ = ▢▢▢▢ 九十九的 ▢▢▢▢ 水+ ▢▢▢▢

　nénglì

一的 ▢▢▢▢。

🔍 **빠른
정답**

6 我们应该节约生活用水。
7 她保证这个学期按时来上课。
8 这位京剧演员的表演实在太棒了。

9 既然到了中国，就应该去参观一下长城。
10 成功=百分之九十九的汗水+百分之一的
　　能力。

11 그는 유명한 작가가 되었다.

chéngwéi   zhùmíng   zuòjiā

他 [　　　] 了 [　　　] 的 [　　　]。

12 식물도 생명이 있으니, 우리는 그것들을 존중해야 한다.

Zhíwù   shēngmìng   zūnzhòng

[　　　] 也有 [　　　]，我们应该 [　　　] 它们。

13 당신이 표준적인 표준어를 사용해서 이 한 편의 글을 한 번 읽어주세요.

biāozhǔn   pǔtōnghuà   biàn   piān

请你用 [　　　] 的 [　　　] 读一 [　　　] 这 [　　　]

wénzhāng

[　　　]。

14 그는 나이가 나의 3배인데, 성격은 오히려 어린 아이와 같다.

niánlíng   bèi   píqi   què

他 [　　　] 是我的三 [　　　]，[　　　] [　　　] 像
小孩子一样。

15 당신이 다이어트를 성공 할 때까지 기다린 이후 좀 꾸미면 반드시 예쁠 거예요.

jiǎnféi   dǎban

等你 [　　　] 成功以后，再 [　　　] 一下，一定很漂亮。

🔍 **빠른 정답**

11 他成为了著名的作家。
12 植物也有生命，我们应该尊重它们。
13 请你用标准的普通话读一遍这篇文章。

14 他年龄是我的三倍，脾气却像小孩子一样。
15 等你减肥成功以后，再打扮一下，一定很漂亮。

16 이번 테니스 경기는 우리가 졌다.

　　　　wǎngqiú　　　　　　shū

这次 [　　　] 比赛我们 [　　　] 了。

17 당신이 탑승한 항공편은 언제 착륙합니까?

　　chéngzuò　　hángbān　　　　jiàngluò

你 [　　] 的 [　　] 什么时候 [　　]？

18 모든 저를 지지하는 분들을 실망하게 만들어서, 저는 매우 미안하게 생각합니다.

　　suǒyǒu　　zhīchí　　　　shīwàng

让 [　　][　　] 我的人 [　　] 了，我非常

bàoqiàn

[　　]。

19 설령 그녀가 정말로 조금 멍청할지라도, 우리는 그래도 그녀를 조롱해서는 안 된다!

　　Jíshǐ　　quèshí　　　　bèn　　zánmen

[　　] 她 [　　] 有点儿 [　　]，[　　]

　　xiàohua　　ya

也不应该 [　　] 她 [　　]！

20 이 옷은 본래 아주 잘 맞았지만, 빨고 난 후 마치 작게 변한 것 같다.

　　běnlái　　tǐng　　héshì　　kěshì

这件衣服 [　　][　　][　　] 的，[　　] 洗完

hǎoxiàng

以后 [　　] 变小了。

빠른 정답

16 这次网球比赛我们输了。
17 你乘坐的航班什么时候降落？
18 让所有支持我的人失望了，我非常抱歉。
19 即使她确实有点儿笨，咱们也不应该笑话她呀！
20 这件衣服本来挺合适的，可是洗完以后好像变小了。

21 부자는 경제상의 스트레스가 없다.

     Fù   jīngjì   yālì

　　　　　人没有　　　　　上的　　　　　。

22 사장이 증가시킨 임무는 그녀를 힘들다고 느끼게 한다.

       zēngjiā   rènwù   shǐ   gǎnjué

经理　　　　　的　　　　　　　　　她　　　　　很累。

23 교수는 학생들의 견해에 대해 이해와 긍정을 나타냈다.

   Jiàoshòu   kànfǎ   biǎoshì   lǐjiě

　　　　　对学生的　　　　　　　　　和

kěndìng

　　　　　。

24 대사관에서 비자를 신청할 때는 많은 표를 제출해야 할 필요가 있다.

    dàshǐguǎn shēnqǐng qiānzhèng   jiāo

在　　　　　　　　　　　　　的时候需要　　　　　

       biǎogé

很多　　　　　。

25 예를 들어 쓰레기를 (아무 데나) 버리고 불을 지르는 등의 법률이 금지하는 일을 하지 마세요.

        fǎlǜ   jìnzhǐ   lìrú   rēng

不要做　　　　　　　　　的事情，　　　　　　　　　

      huǒ   děng

垃圾、放　　　　　　　　　。

🔍 **빠른 정답**

21 富人没有经济上的压力。

22 经理增加的任务使她感觉很累。

23 教授对学生的看法表示理解和肯定。

24 在大使馆申请签证的时候需要交很多表格。

25 不要做法律禁止的事情，例如扔垃圾、放火等。

UNIT 02

유닛 학습 단어	**81**
학습 누적 단어	**171**
최종 목표 단어	**600**

1-2강 3강 **4강** 플러스 단어장

 说一说

🎧 TRACK 4-06

026
☑

你的眼镜脏了，擦一下吧。

Nǐ de yǎnjìng zāng le, cā yíxià ba.

당신의 안경이 더러워졌으니, 한 번 닦아요.

眼镜 yǎnjìng 몡 안경
脏 zāng 톙 더럽다
擦 cā 통 닦다, 비비다, 문지르다

027

放暑假前，学校举办了一些
活动。

Fàng shǔjià qián, xuéxiào jǔbàn le yìxiē
huódòng.

여름 방학을 하기 전, 학교는 일부 활동을 개최했다.

放暑假 fàng shǔjià 여름방학을
  하다
举办 jǔbàn 통 개최하다, 거행하다
活动 huódòng 몡 활동, 행사

028

我现在肚子疼，不得不去医院
看大夫。

Wǒ xiànzài dùzi téng, bùdébù qù yīyuàn
kàn dàifu.

나는 지금 배가 아파서, 어쩔 수 없이 병원에 진찰하러 간다.

肚子 dùzi 몡 배
不得不 bùdébù 뵘 어쩔 수
  없이, 부득이하게
大夫 dàifu 몡 의사

029

她戴的帽子不仅很暖和，而且
最近很流行。

Tā dài de màozi bùjǐn hěn nuǎnhuo, érqiě
zuìjìn hěn liúxíng.

그녀가 쓴 모자는 따뜻할 뿐만 아니라, 게다가 최근 유행
한다.

戴 dài 통 (머리, 얼굴, 가슴, 팔, 손
  등에) 쓰다, 착용하다
不仅 bùjǐn 졥 ~일 뿐만 아니라
暖和 nuǎnhuo 톙 따뜻하다
流行 liúxíng 통 유행하다

030

她把客厅里的大部分家具都
扔了，只留下了沙发。

Tā bǎ kètīng lǐ de dà bùfen jiājù dōu rēng le,
zhǐ liú xià le shāfā.

그녀는 거실 안의 대부분 가구를 모두 버리고, 단지
소파만 남겨놨다.

客厅 kètīng 몡 거실, 객실 응접실
部分 bùfen 몡 부분, 일부
家具 jiājù 몡 가구
扔 rēng 통 버리다, 던지다
留 liú 통 남기다, 남겨두다
沙发 shāfā 몡 소파

HSK 4급 UNIT 02 **121**

031 参加考试需要提前报名。

Cānjiā kǎoshì xūyào tíqián bàomíng.

시험에 참가하려면 미리 등록해야 한다.

提前 tíqián [동] (예정된 시간이나 기한을) 앞당기다
报名 bàomíng [이합] 등록하다, 신청하다, 지원하다

032 海洋城市夏天的气候比较凉快。

Hǎiyáng chéngshì xiàtiān de qìhòu bǐjiào liángkuai.

해양 부근의 도시는 여름의 기후가 비교적 시원하다.

海洋 hǎiyáng [명] 해양, 바다
气候 qìhòu [명] 기후
凉快 liángkuai [형] 시원하다

033 看他一脸得意的样子，真让人受不了。

Kàn tā yì liǎn déyì de yàngzi, zhēn ràng rén shòubuliǎo.

그의 얼굴 가득 의기양양한 모습을 보니, 정말 사람을 견딜 수 없게 만든다.

得意 déyì [형] 의기양양하다
样子 yàngzi [명] 모습, 모양
受不了 shòubuliǎo 견딜 수 없다, 참을 수 없다

034 在汉语中，卫生间和厕所的意思是相同的。

Zài Hànyǔ zhōng, wèishēngjiān hé cèsuǒ de yìsi shì xiāngtóng de.

중국어에서 화장실과 변소의 뜻은 서로 같은 것이다.

卫生间 wèishēngjiān [명] 화장실
厕所 cèsuǒ [명] 변소
相同 xiāngtóng [형] 서로 같다, 똑같다

035 我把信放在了信封里，准备去邮局把它寄给妈妈。

Wǒ bǎ xìn fàng zài le xìnfēng lǐ, zhǔnbèi qù yóujú bǎ tā jì gěi māma.

나는 편지를 편지 봉투 안에 넣었고, 우체국에 가서 그것을 엄마에게 부칠 계획이다.

★ POINT

'把 + 사물(它) + 동사(寄) + ~에게(给) + 대상(妈妈)'은 '사물을 대상에게 동사하다(그것을 엄마에게 부치다)'라는 의미입니다.

信封 xìnfēng [명] 편지 봉투
邮局 yóujú [명] 우체국
寄 jì [동] (우편으로) 부치다

036 你猜正确答案是什么。
Nǐ cāi zhèngquè dá'àn shì shénme.
당신이 정확한 답이 무엇인지 맞혀 보세요.

猜 cāi [동] 알아맞히다, 추측하다
正确 zhèngquè [형] 정확하다, 올바르다
答案 dá'àn [명] 답(안)

037 我想去旅行，看看美丽的长江。
Wǒ xiǎng qù lǚxíng, kànkan měilì de Chángjiāng.
나는 여행을 가서, 아름다운 창장을 구경하고 싶다.

旅行 lǚxíng [명·동] 여행(하다)
美丽 měilì [형] 아름답다
长江 Chángjiāng [고유] 창장, 장강, 양쯔강

038 这两个词语的意思是完全相反的。
Zhè liǎng ge cíyǔ de yìsi shì wánquán xiāngfǎn de.
이 두 개 단어의 뜻은 완전히 상반되는 것이다.

词语 cíyǔ [명] 단어
完全 wánquán [부] 완전히, 전적으로
相反 xiāngfǎn [형] 상반되다, 반대되다

039 这本小说我差不多看完了，只剩10页了。
Zhè běn xiǎoshuō wǒ chàbuduō kàn wán le, zhǐ shèng shí yè le.
이 소설은 나는 거의 다 봤고, 겨우 10페이지 남았다.

小说 xiǎoshuō [명] 소설
差不多 chàbuduō [부] 거의, 대체로
剩 shèng [동] 남다
页 yè [양] 페이지, 쪽

040 因为最近发生的一些事，他们开始互相怀疑了。
Yīnwèi zuìjìn fāshēng de yìxiē shì, tāmen kāishǐ hùxiāng huáiyí le.
최근 발생한 일들 때문에, 그들은 서로 의심하기 시작했다.

★ POINT

互相 VS 相互
- 互相 + 명사(X): 互相关系(X), 互相作用(X)
- 相互 + 명사(O): 相互关系(상호 관계), 相互作用(상호 작용)

发生 fāshēng [동] 발생하다, 생기다
互相 hùxiāng [부] 서로
怀疑 huáiyí [동] 의심하다

1-2급 3급 4급 플러스 단어장

041

☐
☐
☐

这个小伙子的性格很活泼。

Zhège xiǎohuǒzi de xìnggé hěn huópō.

이 젊은이의 성격은 활발하다.

小伙子 xiǎohuǒzi 몡 젊은이,
　　총각
性格 xìnggé 몡 성격
活泼 huópō 혱 활발하다

042

☐
☐
☐

他们的感情出现了严重的问题。

Tāmen de gǎnqíng chūxiàn le yánzhòng de
wèntí.

그들의 애정에 심각한 문제가 나타났다.

感情 gǎnqíng 몡 애정, 감정
出现 chūxiàn 동 나타나다,
　　출현하다
严重 yánzhòng 혱 심각하다

043

☐
☐
☐

你听我解释，我不是故意骗
你的。

Nǐ tīng wǒ jiěshì, wǒ bú shì gùyì piàn nǐ de.

너는 내가 해명하는 것을 들어 봐. 나는 고의로 너를 속인
것이 아니야.

解释 jiěshì 동형 해명(하다),
　　설명(하다)
故意 gùyì 凰 고의로, 일부러
骗 piàn 동 속이다

044

☐
☐
☐

你应该先冷静下来再重新考虑
这个问题。

Nǐ yīnggāi xiān lěngjìng xiàlai zài chóngxīn
kǎolǜ zhège wèntí.

당신은 먼저 냉정해져서 다시 처음부터 이 문제를 고려
해야 합니다.

冷静 lěngjìng 동혱 냉정하(게 하)다,
　　침착하(게 하)다
重新 chóngxīn 凰 처음부터, 다시,
　　새로
考虑 kǎolǜ 동 고려하다

045

☐
☐
☐

在寒假这段时间里，我们积累
了很多共同的回忆。

Zài hánjià zhè duàn shíjiān lǐ, wǒmen jīlěi le
hěn duō gòngtóng de huíyì.

겨울 방학 이 시간 동안, 우리는 많은 공통의 추억을 쌓았다.

寒假 hánjià 몡 겨울 방학
积累 jīlěi 동 쌓다, 쌓이다,
　　누적하다
共同 gòngtóng 혱 공통의,
　　공동의
回忆 huíyì 동몡 추억(하다),
　　회상(하다)

046

所有的入口都在这个方向。

Suǒyǒu de rùkǒu dōu zài zhège fāngxiàng.

모든 입구는 모두 이 방향에 있다.

所有 suǒyǒu 형 모든, 전부의
入口 rùkǒu 명 입구
方向 fāngxiàng 명 방향

047

先举手再回答问题，是一种
礼貌。

Xiān jǔ shǒu zài huídá wèntí, shì yì zhǒng lǐmào.

먼저 손을 들고 그런 다음 질문에 대답하는 것은 일종의 예의이다.

举 jǔ 동 들어 올리다, 쳐들다
礼貌 lǐmào 명 예의

048

母亲抱着可怜的孩子，心里
难受极了。

Mǔqīn bào zhe kělián de háizi, xīnli nánshòu jíle.

어머니는 불쌍한 아이를 안고서, 마음이 몹시 괴로웠다.

母亲 mǔqīn 명 어머니, 모친
抱 bào 동 안다, 포옹하다
可怜 kělián 형 불쌍하다
难受 nánshòu 형 (육체적, 정신적으로) 괴롭다, 견딜 수 없다

049

你做完饭以后可以顺便收拾
一下厨房吗?

Nǐ zuò wán fàn yǐhòu kěyǐ shùnbiàn shōushi yíxià chúfáng ma?

당신 밥을 다 한 후에 겸사겸사 주방을 좀 치워 줄 수 있나요?

顺便 shùnbiàn 부 겸사겸사, ~하는 김에
收拾 shōushi 동 치우다, 정리하다
厨房 chúfáng 명 주방, 부엌

★ POINT

A 顺便 B는 'A하는 김에 B하다'라는 의미입니다.

050

她做了一个很浪漫的梦，希望
永远不要醒过来。

Tā zuò le yí ge hěn làngmàn de mèng, xīwàng yǒngyuǎn búyào xǐng guòlai.

그녀는 매우 낭만적인 꿈을 하나 꾸었고, 영원히 깨어나지 않기를 희망했다.

浪漫 làngmàn 형 낭만적이다, 로맨틱하다
梦 mèng 명 꿈
永远 yǒngyuǎn 부 영원히, 언제까지나
醒 xǐng 동 깨다

알고나면 쉬워지는 ★ ★ ☆ 최은정의 시크릿 노트

1 전치사 在의 용법
> 문장 034

- 在 + 기타 + 上, 中, 下, 内, 里, 外…… : 범위를 나타냅니다.
  - 예 在汉语中 중국어에서　　예 在信封里 편지 봉투 안에
- 在 + 장소/시간: 장소나 시간을 나타냅니다.
  - 예 在超市 슈퍼마켓에서(장소) 예 在小的时候 어렸을 때(시간)

2 旅行 VS 旅游
> 문장 037

旅行과 旅游는 모두 목적어를 가질 수 없는 동사입니다.
따라서 '到/去 + 장소 + 旅行/旅游' 형태로 사용해야 합니다.

예 到西安旅行。 시안으로 여행간다.

예 去北京旅游。 베이징으로 여행간다.

3 差不多의 용법
> 문장 039

差不多는 품사별로 다양한 뜻을 내포하고 있습니다.

- 부사: 거의(几乎와 같은 의미)
  - 예 他们差不多都来了。 그들은 거의 다 왔다.
- 형용사: ① 비슷하다, 큰 차이가 없다
  - 예 我跟他差不多。 나는 그와 비슷하다.
  - ② 대충되다, 그럭저럭 되다
    - 예 这件事差不多了。 이 일은 얼추 되었다.

4 보어 起来 VS 下来
> 문장 044

일반적으로 적극적인 의미를 갖는 형용사 뒤에 起来가 오며, 소극적인 의미를 갖는 형용사 뒤에 下来가 옵니다.

- 적극적 형용사: 热闹(번화하다), 激动(흥분하다), 胖(뚱뚱하다) + 起来
- 소극적 형용사: 安静(조용하다), 冷静(평온하다), 瘦(마르다) + 下来

写一写

✅ 우리말 해석을 보고 빈칸에 알맞은 중국어를 쓰세요.

26 당신의 안경이 더러워졌으니, 한 번 닦아요.

　　　　yǎnjìng　　zāng　　　　cā

你的 [　　　　] [　　　　] 了，[　　　　] 一下吧。

27 여름 방학을 하기 전, 학교는 일부 활동을 개최했다.

　Fàng shǔjià　　　　jǔbàn　　　　huódòng

[　　　　] 前，学校 [　　　　] 了一些 [　　　　]。

28 나는 지금 배가 아파서, 어쩔 수 없이 병원에 진찰하러 간다.

　　　　　dùzi　　　bùdébù　　　　　dàifu

我现在 [　　　　] 疼，[　　　　] 去医院看 [　　　　]。

29 그녀가 쓴 모자는 따뜻할 뿐만 아니라, 게다가 최근 유행한다.

　　　　dài　　　　bùjǐn　　nuǎnhuo

她 [　　　　] 的帽子 [　　　　] 很 [　　　　]，而且

　　　liúxíng

最近很 [　　　　]。

30 그녀는 거실 안의 대부분 가구를 모두 버리고, 단지 소파만 남겨놨다.

　　　kètīng　　　　　bùfen　　jiājù　　　rēng

她把 [　　　　] 里的大 [　　　　] [　　　　] 都 [　　　　]

　　　liú　　　　shāfā

了，只 [　　　　] 下了 [　　　　]。

 빠른 정답

26 你的眼镜脏了，擦一下吧。

27 放暑假前，学校举办了一些活动。

28 我现在肚子疼，不得不去医院看大夫。

29 她戴的帽子不仅很暖和，而且最近很流行。

30 她把客厅里的大部分家具都扔了，只留下了沙发。

31 시험에 참가하려면 미리 등록해야 한다.

　　　　　　　　　　　tíqián　　　bàomíng

参加考试需要 ＿＿＿＿＿ ＿＿＿＿＿。

32 해양 부근의 도시는 여름의 기후가 비교적 시원하다.

　　Hǎiyáng　　　　　　　qìhòu　　　liángkuai

＿＿＿＿＿城市夏天的 ＿＿＿＿＿比较 ＿＿＿＿＿。

33 그의 얼굴 가득 의기양양한 모습을 보니, 정말 사람을 견딜 수 없게 만든다.

　　　　　　déyì　　　yàngzi　　　　　shòubuliǎo

看他一脸 ＿＿＿＿＿ 的 ＿＿＿＿＿, 真让人 ＿＿＿＿＿。

34 중국어에서 화장실과 변소의 뜻은 서로 같은 것이다.

　　　　wèishēngjiān　　cèsuǒ　　　　xiāngtóng

在汉语中, ＿＿＿＿＿和 ＿＿＿＿＿的意思是 ＿＿＿＿＿的。

35 나는 편지를 편지 봉투 안에 넣었고, 우체국에 가서 그것을 엄마에게 부칠 계획이다.

　　　　　　　xìnfēng　　　　　yóujú　　　　jì

我把信放在了 ＿＿＿＿＿里, 准备去 ＿＿＿＿＿把它 ＿＿＿＿＿
给妈妈。

🔍 **빠른 정답**

31 参加考试需要提前报名。

32 海洋城市夏天的气候比较凉快。

33 看他一脸得意的样子, 真让人受不了。

34 在汉语中, 卫生间和厕所的意思是相同的。

35 我把信放在了信封里, 准备去邮局把它寄给妈妈。

36 당신이 정확한 답이 무엇인지 맞혀 보세요.

cāi　　zhèngquè　　dá'àn

你 [　　　　] [　　　　] [　　　　] 是什么。

37 나는 여행을 가서, 아름다운 창장을 구경하고 싶다.

lǚxíng　　　　měilì　　　Chángjiāng

我想去 [　　　　]，看看 [　　　　] 的 [　　　　]。

38 이 두 개 단어의 뜻은 완전히 상반되는 것이다.

cíyǔ　　　　wánquán xiāngfǎn

这两个 [　　　　] 的意思是 [　　　] [　　　] 的。

39 이 소설은 나는 거의 다 봤고, 겨우 10페이지 남았다.

xiǎoshuō　　chàbuduō　　　　　shèng

这本 [　　　] 我 [　　　] 看完了，只 [　　　]

yè

10 [　　　] 了。

40 최근 발생한 일들 때문에, 그들은 서로 의심하기 시작했다.

fāshēng　　　　　　　hùxiāng

因为最近 [　　　　] 的一些事，他们开始 [　　　　]

huáiyí

[　　　　] 了。

빠른 정답

36 你猜正确答案是什么。

37 我想去旅行，看看美丽的长江。

38 这两个词语的意思是完全相反的。

39 这本小说我差不多看完了，只剩10页了。

40 因为最近发生的一些事，他们开始互相怀疑了。

41 이 젊은이의 성격은 활발하다.

xiǎohuǒzi   xìnggé   huópō

这个 ⬚⬚⬚ 的 ⬚⬚⬚ 很 ⬚⬚⬚。

42 그들의 애정에 심각한 문제가 나타났다.

gǎnqíng   chūxiàn   yánzhòng

他们的 ⬚⬚⬚ ⬚⬚⬚ 了 ⬚⬚⬚ 的问题。

43 너는 내가 해명하는 것을 들어 봐. 나는 고의로 너를 속인 것이 아니야.

jiěshì   gùyì   piàn

你听我 ⬚⬚⬚，我不是 ⬚⬚⬚ ⬚⬚⬚ 你的。

44 당신은 먼저 냉정해져서 다시 처음부터 이 문제를 고려해야 합니다.

lěngjìng   chóngxīn   kǎolǜ

你应该先 ⬚⬚⬚ 下来再 ⬚⬚⬚ ⬚⬚⬚ 这个问题。

45 겨울 방학 이 시간 동안, 우리는 많은 공통의 추억을 쌓았다.

hánjià   jīlěi   gòngtóng

在 ⬚⬚⬚ 这段时间里，我们 ⬚⬚⬚ 了很多 ⬚⬚⬚

huíyì

的 ⬚⬚⬚。

🔍 빠른
정답

41 这个小伙子的性格很活泼。
42 他们的感情出现了严重的问题。
43 你听我解释，我不是故意骗你的。
44 你应该先冷静下来再重新考虑这个问题。
45 在寒假这段时间里，我们积累了很多共同的
回忆。

46 모든 입구는 모두 이 방향에 있다.

Suǒyǒu   rùkǒu   fāngxiàng

〔   〕的〔   〕都在这个〔   〕。

47 먼저 손을 들고 그런 다음 질문에 대답하는 것은 일종의 예의이다.

jǔ   lǐmào

先〔   〕手再回答问题，是一种〔   〕。

48 어머니는 불쌍한 아이를 안고서, 마음이 몹시 괴로웠다.

Mǔqīn   bào   kělián   nánshòu

〔   〕着〔   〕的孩子，心里〔   〕
极了。

49 당신 밥을 다 한 후에 겸사겸사 주방을 좀 치워 줄 수 있나요?

shùnbiàn   shōushi   chúfáng

你做完饭以后可以〔   〕〔   〕一下〔   〕吗？

50 그녀는 매우 낭만적인 꿈을 하나 꾸었고, 영원히 깨어나지 않기를 희망했다.

làngmàn   mèng   yǒngyuǎn

她做了一个很〔   〕的〔   〕，希望〔   〕

xǐng

不要〔   〕过来。

🔍 **빠른
정답**

46 所有的入口都在这个方向。

47 先举手再回答问题，是一种礼貌。

48 母亲抱着可怜的孩子，心里难受极了。

49 你做完饭以后可以顺便收拾一下厨房吗？

50 她做了一个很浪漫的梦，希望永远不要
醒过来。

UNIT 03

유닛 학습 단어 **84**
학습 누적 단어 **254**
최종 목표 단어 **600**

说一说

TRACK 4-11

051 我想当导游，到处去旅行。

Wǒ xiǎng dāng dǎoyóu, dàochù qù lǚxíng.

나는 가이드가 되어서, 도처에 여행을 가고 싶어한다.

当 dāng [동] ~이 되다
导游 dǎoyóu [명] 가이드, 관광 안내원
到处 dàochù [부] 도처에, 곳곳에
旅行 lǚxíng [명·동] 여행(하다)

---

052 恐怕他听到这个消息会很吃惊。

Kǒngpà tā tīngdào zhège xiāoxi huì hěn chījīng.

아마도 그가 이 소식을 듣게 되면 놀랄 것이다.

恐怕 kǒngpà [부] 아마도
消息 xiāoxi [명] 소식
吃惊 chījīng [이합] 놀라다

---

053 我赶时间去坐飞机，来不及购物了。

Wǒ gǎn shíjiān qù zuò fēijī, láibují gòuwù le.

나는 서둘러 비행기를 타러 가느라, 쇼핑할 여유가 없게 되었다.

赶 gǎn [동] (교통수단을 시간에 맞추어 따라잡아) 타다
来不及 láibují 여유가 없다, 시간이 맞지 않다
购物 gòuwù [동] 쇼핑하다

---

054 他每个月的工资很高，估计超过5000。

Tā měi ge yuè de gōngzī hěn gāo, gūjì chāoguò wǔqiān.

그의 매달 월급이 많아서, 예측하기로 5000위안이 넘을 것이다.

工资 gōngzī [명] 월급, 임금
估计 gūjì [동] 예측하다
超过 chāoguò [동] 넘다, 초과하다

---

055 你把详细的内容整理好以后，发传真给我吧。

Nǐ bǎ xiángxì de nèiróng zhěnglǐ hǎo yǐhòu, fā chuánzhēn gěi wǒ ba.

당신은 상세한 내용을 다 정리한 이후, 나에게 팩스를 보내주세요.

详细 xiángxì [형] 상세하다
内容 nèiróng [명] 내용
整理 zhěnglǐ [동] 정리하다
传真 chuánzhēn [명] 팩시밀리

056 地上满是我家小狗掉的毛。
Dìshang mǎn shì wǒ jiā xiǎo gǒu diào de máo.
바닥 위가 우리 집 강아지가 떨어뜨린 털로 가득하다.

满 mǎn 형부 가득하다, 가득 차 있다, 완전히, 전부
掉 diào 동 (아래로) 떨어뜨리다, 떨어지다
毛 máo 명 털

057 他刚刚给我发短信说现在堵车。
Tā gānggāng gěi wǒ fā duǎnxìn shuō xiànzài dǔchē.
그는 막 나에게 문자 메시지를 보내 지금 차가 막힌다고 말했다.

刚(刚) gāng(gāng) 부 막, 방금
短信 duǎnxìn 명 문자 메시지
堵车 dǔchē 이합 차가 막히다

058 因为不能赚钱，他放弃弹钢琴了。
Yīnwèi bù néng zhuàn qián, tā fàngqì tán gāngqín le.
돈을 벌 수 없기 때문에, 그는 피아노 치는 것을 포기했다.

赚 zhuàn 동 (돈을) 벌다
放弃 fàngqì 동 포기하다
弹钢琴 tán gāngqín 피아노를 치다

059 我为了拿毕业证明，专门去了一趟学校。
Wǒ wèile ná bìyè zhèngmíng, zhuānmén qù le yí tàng xuéxiào.
나는 졸업 증서를 가지기 위해, 일부러 학교에 한 번 갔다 왔다.

毕业 bìyè 이합동 졸업(하다)
证明 zhèngmíng 명 증서, 증명(서)
专门 zhuānmén 부 일부러
趟 tàng 양 번, 차례

★ POINT
趟은 '번, 차례'라는 의미로 왕복하는 횟수를 나타냅니다.

060 麻烦你有空的时候帮我复印一下材料，可以吗？
Máfan nǐ yǒu kòng de shíhou bāng wǒ fùyìn yíxià cáiliào, kěyǐ ma?
번거롭겠지만 틈이 있을 때 나를 도와 자료를 좀 복사해 주는 거, 괜찮을까요?

麻烦 máfan 동 귀찮게 하다, 성가시게 굴다, 폐를 끼치다
空 kòng 명 틈, 짬, 겨를
复印 fùyìn 동 복사하다
材料 cáiliào 명 자료, 재료

061 叶子变黄，说明秋天要来了。
Yèzi biàn huáng, shuōmíng qiūtiān yào lái le.
잎이 노랗게 변한 것은 가을이 곧 오려고 한다는 것을
설명한다.

叶子 yèzi 명 잎
说明 shuōmíng 명·동 설명(하다)

062 由于十分紧张，他把书都拿倒了。
Yóuyú shífēn jǐnzhāng, tā bǎ shū dōu ná dào le.
매우 긴장했기 때문에, 그는 책도 거꾸로 들었다.

由于 yóuyú 접 ~때문에
十分 shífēn 부 매우, 대단히
紧张 jǐnzhāng 형 긴장하다
倒 dào 동 거꾸로 되다, 뒤집(히)다

063 这件事真够复杂的，需要好好儿调查。
Zhè jiàn shì zhēn gòu fùzá de, xūyào hǎohāor diàochá.
이 일은 정말 꽤 복잡해서, 아주 잘 조사할 필요가 있다.

够 gòu 부 꽤, 충분히
复杂 fùzá 형 복잡하다
调查 diàochá 명·동 조사(하다)

★ POINT
够는 주로 的와 호응하여, 够……的 형태로 자주 쓰입니다.

064 为了存钱，她最近只买价格很低或打折的东西。
Wèile cún qián, tā zuìjìn zhǐ mǎi jiàgé hěn dī huò dǎzhé de dōngxi.
돈을 모으기 위해, 그녀는 최근 단지 가격이 매우 낮거나
혹은 할인하는 물건만 산다.

存 cún 동 모으다, 저축하다
价格 jiàgé 명 가격
低 dī 형 낮다
打折 dǎzhé 이합 할인하다,
디스카운트하다

065 为了学好汉语，他积极地阅读了很多语法方面的书。
Wèile xué hǎo Hànyǔ, tā jījí de yuèdú le hěn duō yǔfǎ fāngmiàn de shū.
중국어를 잘 배우기 위해, 그는 적극적으로 매우 많은
어법 방면의 책을 읽었다.

积极 jījí 형 적극적이다,
긍정적이다
阅读 yuèdú 동 읽다
语法 yǔfǎ 명 어법, 문법
方面 fāngmiàn 명 방면

066 这个菜盐放多了，太咸了。

Zhège cài yán fàng duō le, tài xián le.

이 요리는 소금을 많이 넣어서, 너무 짜다.

盐 yán [명] 소금
咸 xián [형] (맛이) 짜다

067 因为粗心，她把登机牌弄丢了。

Yīnwèi cūxīn, tā bǎ dēngjīpái nòng diū le.

부주의했기 때문에, 그녀는 탑승권을 잃어버렸다.

★ POINT

弄은 원래 쓰여야 할 동사의 구체적 설명이 불필요하거나 곤란한 경우 그 동사를 대신해서 사용합니다.

粗心 cūxīn [형] 부주의하다, 세심하지 못하다
登机牌 dēngjīpái [명] 탑승권
弄 nòng [동] 하다
丢 diū [동] 잃다, 잃어버리다

068 只要一到晚上，我家外面就响起音乐声。

Zhǐyào yí dào wǎnshang, wǒ jiā wàimiàn jiù xiǎng qǐ yīnyuè shēng.

저녁만 되면, 우리 집 밖에 음악 소리가 울리기 시작한다.

★ POINT

只要A, 就B는 'A하기만 하면, B하다'라는 의미입니다.

只要 zhǐyào [접] ~하기만 하면
响 xiǎng [동] 울리다, 소리를 내다, 소리가 나다

069 我建议你们两个通过对话好好儿交流一下。

Wǒ jiànyì nǐmen liǎng ge tōngguò duìhuà hǎohāor jiāoliú yíxià.

저는 당신 두 사람이 대화를 통해 잘 교류해보기를 제안합니다.

建议 jiànyì [명·동] 제안(하다), 건의(하다)
通过 tōngguò [전] ~을 통해
对话 duìhuà [명·동] 대화(하다)
交流 jiāoliú [명·동] 교류(하다)

070 从这儿到郊区有多少公里？可以走高速公路吗？

Cóng zhèr dào jiāoqū yǒu duōshao gōnglǐ? Kěyǐ zǒu gāosù gōnglù ma?

이곳에서 교외 지역까지 몇 킬로미터 정도 되죠? 고속도로로 갈 수 있나요?

郊区 jiāoqū [명] 교외 지역
公里 gōnglǐ [양] 킬로미터(km)
高速公路 gāosù gōnglù [명] 고속도로

071 一切都由我来负责。

Yíqiè dōu yóu wǒ lái fùzé.

모든 것은 모두 내가 책임질게요.

一切 yíqiè [대] 모든, 일체
由 yóu [전] ~가, ~이(동작의 주체 강조)
负责 fùzé [동] 책임지다

072 他平时见了我从来不打招呼。

Tā píngshí jiàn le wǒ cónglái bù dǎ zhāohu.

그는 평소 나를 보면 여태껏 인사하지 않는다.

★ POINT

부사 从来는 주로 뒤에 부정형이 옵니다.
· 从来不 + 동사 · 从来没(有) + 동사 + 过

平时 píngshí [명] 평소, 평상시
从来 cónglái [부] 지금까지, 여태껏
打招呼 dǎ zhāohu (가볍게) 인사하다

073 随着新世纪到来，世界人口普遍减少了。

Suízhe xīn shìjì dàolái, shìjiè rénkǒu pǔbiàn jiǎnshǎo le.

신세기가 도래함에 따라, 세계 인구는 보편적으로 감소했다.

随着 suízhe [전] ~에 따라
世纪 shìjì [명] 세기
普遍 pǔbiàn [형] 보편적이다
减少 jiǎnshǎo [동] 감소하다, 줄(이)다

074 有的人以为结果重要，而过程不太重要。

Yǒude rén yǐwéi jiéguǒ zhòngyào, ér guòchéng bú tài zhòngyào.

어떤 사람은 결과는 중요하지만, 반면 과정은 그다지 중요하지 않다고 생각한다.

以为 yǐwéi [동] (잘못) 생각하다, 착각하다
结果 jiéguǒ [명] 결과
而 ér [접] 상황에 따라 순접(그래서)과 역접(그러나)을 모두 나타낼 수 있음
过程 guòchéng [명] 과정

075 师傅的技术很好，一会儿的功夫就把电脑修理好了。

Shīfu de jìshù hěn hǎo, yíhuìr de gōngfu jiù bǎ diànnǎo xiūlǐ hǎo le.

기사님의 기술이 좋아서, 잠깐의 시간 만에 컴퓨터를 다 수리했다.

师傅 shīfu [명] 기술, 기능을 가진 사람에 대한 존칭
技术 jìshù [명] 기술
功夫 gōngfu [명] (투자한) 시간
修理 xiūlǐ [동] 수리하다, 고치다

1 2음절 어기부사의 위치

문장 052

2음절 어기부사는 일반적인 부사와는 다르게 주어 앞에 위치할 수 있습니다.

예 **其实 我 不想回家**。 사실 나 집에 가기 싫어.
　　어기부사 주어

예 **恐怕 他 不来了**。 아마도 그는 오지 않을 거야.
　　어기부사 주어

2 '给 + 사람'의 위치

문장 055

전치사 **给**는 '~에게'라는 의미로 뒤에 사람 명사가 옵니다. 또한 '给 + 사람'의 위치는 '동사 + 목적어' 앞에 오든, 뒤에 오든 그 의미가 달라지지 않습니다.

예 **给** + 사람 + **发 短信** = **发 短信** + **给** + 사람: ~에게 문자 메시지를 보내다.
　　　　　　 동사 목적어　 동사 목적어

예 **给** + 사람 + **发 传真** = **发 传真** + **给** + 사람: ~에게 팩스를 보내다.
　　　　　　 동사 목적어　 동사 목적어

3 1음절 형용사 중첩

문장 063

1음절 형용사를 중첩(AA)한 후 얼화(儿化)를 할 경우, 뒤에 음절은 1성으로 발음합니다.

예 **慢慢儿 mànmānr** 천천히　　　예 **好好儿 hǎohāor** 잘, 충분히

4 조건 관계 접속사

문장 068

접속사	只要 A 就 B	只有 A 才 B
의미	A하기만 하면 B하다 (충분 조건)	오직 A해야만 B하다 (유일 조건)
예문	只要努力学习, 就能取得好成绩。 열심히 공부하기만 하면, 좋은 성적을 거둘 수 있다.	只有努力学习, 才能取得好成绩。 열심히 공부해야만, 좋은 성적을 거둘 수 있다.

写一写

☑️ 우리말 해석을 보고 빈칸에 알맞은 중국어를 쓰세요.

51 나는 가이드가 되어서, 도처에 여행을 가고 싶어한다.

　　　　　dāng　　　dǎoyóu　　　dàochù　　　lǚxíng

我想 　　　　　　　　　，　　　　　去 　　　　　。

52 아마도 그가 이 소식을 듣게 되면 놀랄 것이다.

　　Kǒngpà　　　　　　　xiāoxi　　　　　chījīng

　　　　　　他听到这个 　　　　　会很 　　　　　。

53 나는 서둘러 비행기를 타러 가느라, 쇼핑할 여유가 없게 되었다.

　　　　gǎn　　　　　　　láibují　　　gòuwù

我 　　　　　时间去坐飞机，　　　　　　　　　了。

54 그의 매달 월급이 많아서, 예측하기로 5000위안이 넘을 것이다.

　　　　　　　gōngzī　　　　　gūjì　　　chāoguò

他每个月的 　　　　　很高，　　　　　　　　　5000。

55 당신은 상세한 내용을 다 정리한 이후, 나에게 팩스를 보내주세요.

　　xiángxì　　　nèiróng　　　zhěnglǐ

你把 　　　　　的 　　　　　　　　　好以后，

　chuánzhēn

发 　　　　　给我吧。

 빠른
정답

51 我想当导游，到处去旅行。
52 恐怕他听到这个消息会很吃惊。
53 我赶时间去坐飞机，来不及购物了。

54 他每个月的工资很高，估计超过5000。
55 你把详细的内容整理好以后，发传真给我
吧。

56 바닥 위가 우리 집 강아지가 떨어뜨린 털로 가득하다.

          mǎn   diào   máo

地上 [____] 是我家小狗 [____] 的 [____]。

57 그는 막 나에게 문자 메시지를 보내 지금 차가 막힌다고 말했다.

      gānggāng   duǎnxìn   dǔchē

他 [____] 给我发 [____] 说现在 [____]。

58 돈을 벌 수 없기 때문에, 그는 피아노 치는 것을 포기했다.

          zhuàn   fàngqì   tán gāngqín

因为不能 [____] 钱，他 [____] [____] 了。

59 나는 졸업 증서를 가지기 위해, 일부러 학교에 한 번 갔다 왔다.

           bìyè   zhèngmíng zhuānmén   tàng

我为了拿 [____] [____]，[____] 去了一 [____]
学校。

60 번거롭겠지만 틈이 있을 때 나를 도와 자료를 좀 복사해주는 거, 괜찮을까요?

  Máfan   kòng   fùyìn   cáiliào

[____] 你有 [____] 的时候帮我 [____] 一下 [____]，
可以吗?

🔍 **빠른 정답**

56 地上满是我家小狗掉的毛。   59 我为了拿毕业证明，专门去了一趟学校。
57 他刚刚给我发短信说现在堵车。   60 麻烦你有空的时候帮我复印一下材料，
58 因为不能赚钱，他放弃弹钢琴了。   可以吗?

61 잎이 노랗게 변한 것은 가을이 곧 오려고 한다는 것을 설명한다.

　　　Yèzi　　　　　shuōmíng

　　　_____ 变黄，_____ 秋天要来了。

62 매우 긴장했기 때문에, 그는 책도 거꾸로 들었다.

　　　Yóuyú　　shífēn　　jǐnzhāng　　　　　　dào

　　　_____ _____ _____，他把书都拿 _____ 了。

63 이 일은 정말 꽤 복잡해서, 아주 잘 조사할 필요가 있다.

　　　　　　gòu　　　fùzá　　　　　　diàochá

　　这件事真 _____ _____ 的，需要好好儿 _____。

64 돈을 모으기 위해, 그녀는 최근 단지 가격이 매우 낮거나 혹은 할인하는 물건만 산다.

　　　　　cún　　　　　　　　jiàgé　　　dī

　　为了 _____ 钱，她最近只买 _____ 很 _____ 或

　　dǎzhé

　　_____ 的东西。

65 중국어를 잘 배우기 위해, 그는 적극적으로 매우 많은 어법 방면의 책을 읽었다.

　　　　　　　jījí　　　　yuèdú　　　　yǔfǎ

　　为了学好汉语，他 _____ 地 _____ 了很多 _____

　　fāngmiàn

　　_____ 的书。

🔍 **빠른 정답**

61 叶子变黄，说明秋天要来了。

62 由于十分紧张，他把书都拿倒了。

63 这件事真够复杂的，需要好好儿调查。

64 为了存钱，她最近只买价格很低或打折的东西。

65 为了学好汉语，他积极地阅读了很多语法方面的书。

66 이 요리는 소금을 많이 넣어서, 너무 짜다.

　　　　　　yán　　　　　　　　　xián
这个菜 ⬚⬚⬚⬚⬚ 放多了，太 ⬚⬚⬚⬚⬚ 了。

67 부주의했기 때문에, 그녀는 탑승권을 잃어버렸다.

　　　　cūxīn　　　　　dēngjīpái　　nòng　　　diū
因为 ⬚⬚⬚⬚⬚ ，她把 ⬚⬚⬚⬚⬚ ⬚⬚⬚⬚⬚ ⬚⬚⬚⬚⬚ 了。

68 저녁만 되면, 우리 집 밖에 음악 소리가 울리기 시작한다.

　Zhǐyào　　　　　　　　　　xiǎng
⬚⬚⬚⬚⬚ 一到晚上，我家外面就 ⬚⬚⬚⬚⬚ 起音乐声。

69 저는 당신 두 사람이 대화를 통해 잘 교류해보기를 제안합니다.

　　　jiànyì　　　　tōngguò　duìhuà　　　jiāoliú
我 ⬚⬚⬚⬚⬚ 你们两个 ⬚⬚⬚⬚⬚ ⬚⬚⬚⬚⬚ 好好儿 ⬚⬚⬚⬚⬚
一下。

70 이곳에서 교외 지역까지 몇 킬로미터 정도 되죠? 고속도로로 갈 수 있나요?

　　　　jiāoqū　　　　　gōnglǐ　　　　gāosù gōnglù
从这儿到 ⬚⬚⬚⬚⬚ 有多少 ⬚⬚⬚⬚⬚ ？可以走 ⬚⬚⬚⬚⬚ 吗？

빠른
정답

66 这个菜盐放多了，太咸了。　　　　69 我建议你们两个通过对话好好儿交流一下。
67 因为粗心，她把登机牌弄丢了。　　　70 从这儿到郊区有多少公里? 可以走高速
68 只要一到晚上，我家外面就响起音乐声。　　公路吗?

71 모든 것은 모두 내가 책임질게요.

    Yíqiè   yóu   fùzé

    〔   〕都〔   〕我来〔   〕。

72 그는 평소 나를 보면 여태껏 인사하지 않는다.

         píngshí   cónglái   dǎ zhāohu

    他〔   〕见了我〔   〕不〔   〕。

73 신세기가 도래함에 따라, 세계 인구는 보편적으로 감소했다.

    Suízhe   shìjì   pǔbiàn   jiǎnshǎo

    〔   〕新〔   〕到来，世界人口〔   〕〔   〕了。

74 어떤 사람은 결과는 중요하지만, 반면 과정은 그다지 중요하지 않다고 생각한다.

         yǐwéi   jiéguǒ   ér   guòchéng

    有的人〔   〕〔   〕重要，〔   〕〔   〕

    不太重要。

75 기사님의 기술이 좋아서, 잠깐의 시간 만에 컴퓨터를 다 수리했다.

    Shīfu   jìshù   gōngfu

    〔   〕的〔   〕很好，一会儿的〔   〕就把电脑

    xiūlǐ

    〔   〕好了。

빠른 정답

71 一切都由我来负责。

72 他平时见了我从来不打招呼。

73 随着新世纪到来，世界人口普遍减少了。

74 有的人以为结果重要，而过程不太重要。

75 师傅的技术很好，一会儿的功夫就把电脑修理好了。

UNIT 04

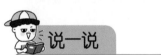 **说一说**　🎧 TRACK 4-16

---

076 ✓
反对意见也应该受到重视。
Fǎnduì yìjiàn yě yīnggāi shòudào zhòngshì.
반대 의견도 마땅히 중시를 받아야 한다.

反对 fǎnduì 명·통 반대(하다)
意见 yìjiàn 명 의견, 불만
受到 shòudào 통 받다
重视 zhòngshì 명·통 중시(하다)

077
学习任何一种语言，都要重视方法。
Xuéxí rènhé yì zhǒng yǔyán, dōu yào zhòngshì fāngfǎ.
어떠한 하나의 언어를 배워도 모두 방법을 중시해야 한다.

任何 rènhé 대 어떠한 ~라도
语言 yǔyán 명 언어
方法 fāngfǎ 명 방법

078
互联网的发展改变了人们之间的距离。
Hùliánwǎng de fāzhǎn gǎibiàn le rénmen zhījiān de jùlí.
인터넷의 발전은 사람 간의 거리를 바꾸었다.

互联网 hùliánwǎng 명 인터넷
发展 fāzhǎn 명·통 발전(하다), 발전(시키다)
改变 gǎibiàn 통 바꾸다, 변하다
距离 jùlí 명 거리

079
上次约会的时候，她收到了男朋友的礼物。
Shàng cì yuēhuì de shíhou, tā shōudào le nán péngyou de lǐwù.
지난 번 데이트를 할 때, 그녀는 남자 친구의 선물을 받았다.

约会 yuēhuì 이합 데이트를 하다, 만날 약속을 하다
收 shōu 통 (물건을) 받다

080
今天外面阳光非常好，所以房间内的光也很亮。
Jīntiān wàimiàn yángguāng fēicháng hǎo, suǒyǐ fángjiān nèi de guāng yě hěn liàng.
오늘 바깥 햇빛이 매우 좋고, 그래서 방 안의 빛도 밝다.

阳光 yángguāng 명 햇빛
内 nèi 명 안(쪽), 속, 내부
光 guāng 명 빛, 광선

---

081 你陪我去买一份杂志吧。

Nǐ péi wǒ qù mǎi yí fèn zázhì ba.

당신 나와 함께 잡지 한 부 사러 가줘요.

陪 péi [동] 동반하다, 수행하다, 모시다
份 fèn [양] 문서, 서류를 세는 단위
杂志 zázhì [명] 잡지

082 请问，您要使用现金付款吗?

Qǐngwèn, nín yào shǐyòng xiànjīn fùkuǎn ma?

실례지만 당신은 현금을 사용해서 지불하실 건가요?

使用 shǐyòng [동] 사용하다, 쓰다
现金 xiànjīn [명] 현금
付款 fùkuǎn [이합] 돈을 지불하다

083 他指出了我的错误，并且批评了我。

Tā zhǐchū le wǒ de cuòwù, bìngqiě pīpíng le wǒ.

그는 나의 잘못을 지적했고, 또한 나를 비판했다.

指 zhǐ [동] 지적하다, 가리키다
错误 cuòwù [명] 잘못, 실수
并且 bìngqiě [접] 또한, 더욱이
批评 pīpíng [명·동] 비판(하다)

084 对于儿童来说，家庭教育是很关键的。

Duìyú értóng láishuō, jiātíng jiàoyù shì hěn guānjiàn de.

아동들에게 있어서, 가정 교육은 매우 중요한 것이다.

★ POINT

对(于)……来说는 '~에게 있어서', '~에 대해 말하자면'라는 의미입니다.

对于 duìyú [전] ~에 대해(대상을 나타냄)
儿童 értóng [명] 아동, 어린이
教育 jiàoyù [명·동] 교육(하다)
关键 guānjiàn [형] 매우 중요한

085 打扰一下，我想问你来自哪里，是哪个民族。

Dǎrǎo yíxià, wǒ xiǎng wèn nǐ láizì nǎli, shì nǎge mínzú.

실례하겠습니다. 저는 당신이 어디에서 왔는지, 어느 민족인지 묻고 싶습니다.

打扰 dǎrǎo [동] 폐를 끼치다, 방해하다
来自 láizì [동] ~에서 오다
民族 mínzú [명] 민족

086 保护自然是所有人的责任。

Bǎohù zìrán shì suǒyǒu rén de zérèn.

자연을 보호하는 것은 모든 사람의 책임이다.

保护 bǎohù 명동 보호(하다)
自然 zìrán 명 자연
所有 suǒyǒu 형 모든, 전부의
责任 zérèn 명 책임

★ POINT
중국어에서 '모든 사람'을 지칭하는 표현으로는 所有人, 每个人, 任何人, 人人이 있다.

087 她那勇敢的决定真正让我感动。

Tā nà yǒnggǎn de juédìng zhēnzhèng ràng wǒ gǎndòng.

그녀의 그 용감한 결정은 진정으로 나를 감동시켰다.

勇敢 yǒnggǎn 형 용감하다
真正 zhēnzhèng 부 진정으로, 참으로, 정말로
感动 gǎndòng 동 감동하다, 감동시키다

088 你的条件正好符合我们招聘的要求。

Nǐ de tiáojiàn zhènghǎo fúhé wǒmen zhāopìn de yāoqiú.

당신의 조건이 마침 우리가 모집하는 요구에 부합합니다.

条件 tiáojiàn 명 조건
正好 zhènghǎo 부 마침, 때마침, 공교롭게도
符合 fúhé 동 부합하다
招聘 zhāopìn 동 모집하다

089 如果你想租这个房子，就应该联系房东。

Rúguǒ nǐ xiǎng zū zhège fángzi, jiù yīnggāi liánxì fángdōng.

만약 당신이 이 집을 빌리고 싶다면, 집주인에게 연락해야 합니다.

租 zū 동 빌리다, 세내다, 임차하다
联系 liánxì 동 연락하다
房东 fángdōng 명 집주인

090 地球上有一些很穷的国家，甚至没有矿泉水。

Dìqiú shàng yǒu yìxiē hěn qióng de guójiā, shènzhì méiyǒu kuàngquánshuǐ.

지구상에는 일부 매우 가난한 국가들이 있는데, 심지어 광천수가 없다.

地球 dìqiú 명 지구
穷 qióng 형 가난하다
甚至 shènzhì 접 심지어
矿泉水 kuàngquánshuǐ 명 광천수, 생수

091 窗户干净得像一面镜子一样。

Chuānghu gānjìng de xiàng yí miàn jìngzi yíyàng.

창문이 마치 하나의 거울 같이 깨끗하다.

窗户 chuānghu 몡 창문
镜子 jìngzi 몡 거울

★ POINT

面은 평평한 물건을 세는 단위입니다.

---

092 你穿得这么厚，难道不热吗?

Nǐ chuān de zhème hòu, nándào bú rè ma?

당신 이렇게 두껍게 입고, 덥지 않아요?

厚 hòu 囪 두껍다
难道 nándào 囲 그래 ~란 말인가?, 설마 ~하겠는가?

---

093 请重点说一下这篇文章的研究基础。

Qǐng zhòngdiǎn shuō yíxià zhè piān wénzhāng de yánjiū jīchǔ.

이 글의 연구 기초를 중점적으로 말씀해 주세요.

重点 zhòngdiǎn 몡囲 중점(적으로)
篇 piān 囪 글을 세는 단위
文章 wénzhāng 몡 글
研究 yánjiū 몡동 연구(하다)
基础 jīchǔ 몡 기초

---

094 得了第一名后，我感觉可以放松一下了。

Dé le dì-yī míng hòu, wǒ gǎnjué kěyǐ fàngsōng yíxià le.

1등을 한 후, 나는 긴장을 좀 풀어도 된다고 느꼈다.

得 dé 동 얻다, 획득하다
感觉 gǎnjué 동 느끼다, 여기다
放松 fàngsōng 동 긴장을 풀다, 늦추다, 느슨하게 하다

---

095 我的胳膊抬不起来了，我也不知道怎么弄的。

Wǒ de gēbo tái bu qǐlái le, wǒ yě bù zhīdào zěnme nòng de.

내 팔은 들어 올릴 수가 없는데, 나도 어떻게 된 건지 모르겠다.

胳膊 gēbo 몡 팔
抬 tái 동 들다
弄 nòng 동 하다

096 不要乱挂毛巾。
Búyào luàn guà máojīn.
제멋대로 수건을 걸지 마세요.

乱 luàn [부] 제멋대로, 함부로, 마구
挂 guà [동] (고리, 못 등에) 걸다
毛巾 máojīn [명] 수건, 타월

097 有人说吃辣的对皮肤有好处。
Yǒurén shuō chī là de duì pífū yǒu hǎochù.
누군가는 매운 것을 먹으면 피부에 좋은 점이 있다고 말한다.

辣 là [형] 맵다
皮肤 pífū [명] 피부
好处 hǎochù [명] 좋은 점, 장점

098 现在辛苦一点儿是为了将来的幸福。
Xiànzài xīnkǔ yìdiǎnr shì wèile jiānglái de xìngfú.
지금 조금 고생하는 것은 미래의 행복을 위해서이다.

辛苦 xīnkǔ [동] 고생하다
将来 jiānglái [명] 미래, 장래
幸福 xìngfú [명·형] 행복(하다)

099 这次语法考试，我们班学生全部合格了。
Zhè cì yǔfǎ kǎoshì, wǒmen bān xuésheng quánbù hégé le.
이번 어법 시험은 우리 반 학생들이 전부 합격했다.

语法 yǔfǎ [명] 어법, 문법
全部 quánbù [명·형] 전부(의)
合格 hégé [동] 합격하다

100 你想流利地说汉语，至少要把句子连起来说。
Nǐ xiǎng liúlì de shuō Hànyǔ, zhìshǎo yào bǎ jùzi lián qǐlai shuō.
네가 유창하게 중국어를 말하고 싶으면, 적어도 문장을 연결해서 말해야 한다.

★ POINT
至少 뒤에 수량이 올 경우 초과의 의미를 나타냅니다.
[예] 至少100个 적어도 100개(적어도 100가 넘는다는 의미)

流利 liúlì [형] (글, 말 등이) 유창하다
至少 zhìshǎo [부] 적어도, 최소한
连 lián [동] 연결하다, 잇다

1-2급 3급 4급 플러스 단어장

알고나면 쉬워지는
최은정의 시크릿 노트
★ ★ ★

1 约会 VS 约
문장 079

约会는 연인끼리 하는 데이트를 의미하는 반면, 约는 지인이나 친구와의 일반적인 약속을 의미합니다.

예 今天晚上我有约会。 오늘 밤에 나는 데이트가 있다.

예 今天晚上我有约。 오늘 밤에 나는 (일반적인) 약속이 있다.

---

2 동량사
문장 085

동량사란 동작의 횟수를 세는 양사로 下, 次, 遍, 趟 등이 있습니다.

下	가벼운 동작의 횟수 예 看一下。 = 看(一)看。 한 번 보다.
次	일반적인 동작의 횟수 예 去过一次上海。 상하이에 한 번 가 본 적이 있다.
遍	동작의 횟수뿐 아니라 처음부터 끝까지의 전 과정을 강조 (책, 영화, 음악 등) 예 读了一遍。 한 번 읽었다.
趟	왕복 동작의 횟수 예 我去了一趟。 내가 한 번 갔다 올게.

---

3 자주 출제되는 고정 격식
문장 088

符合
부합하다
+
要求 요구
条件 조건
需要 수요
标准 표준

出现 생기다
解决 해결하다
考虑 고려하다
回答 대답하다
+
问题
문제

写一写

✅ 우리말 해석을 보고 빈칸에 알맞은 중국어를 쓰세요.

76 반대 의견도 마땅히 중시를 받아야 한다.

   Fǎnduì   yìjiàn   shòudào   zhòngshì

⬜⬜⬜⬜ ⬜⬜⬜⬜ 也应该 ⬜⬜⬜⬜ ⬜⬜⬜⬜。

77 어떠한 하나의 언어를 배워도 모두 방법을 중시해야 한다.

        rènhé   yǔyán   fāngfǎ

学习 ⬜⬜⬜⬜ 一种 ⬜⬜⬜⬜，都要重视 ⬜⬜⬜⬜。

78 인터넷의 발전은 사람 간의 거리를 바꾸었다.

Hùliánwǎng   fāzhǎn   gǎibiàn   jùlí

⬜⬜⬜⬜ 的 ⬜⬜⬜⬜ ⬜⬜⬜⬜ 了人们之间的 ⬜⬜⬜⬜。

79 지난 번 데이트를 할 때, 그녀는 남자 친구의 선물을 받았다.

        yuēhuì   shōu

上次 ⬜⬜⬜⬜ 的时候，她 ⬜⬜⬜⬜ 到了男朋友的礼物。

80 오늘 바깥 햇빛이 매우 좋고, 그래서 방 안의 빛도 밝다.

          yángguāng   nèi

今天外面 ⬜⬜⬜⬜ 非常好，所以房间 ⬜⬜⬜⬜ 的

   guāng

⬜⬜⬜⬜ 也很亮。

빠른 정답

76 反对意见也应该受到重视。
77 学习任何一种语言，都要重视方法。
78 互联网的发展改变了人们之间的距离。

79 上次约会的时候，她收到了男朋友的礼物。
80 今天外面阳光非常好，所以房间内的光也很亮。

81 당신 나와 함께 잡지 한 부 사러 가줘요.

péi   fèn   zázhì

你 [   ] 我去买一 [   ] [   ] 吧。

82 실례지만 당신은 현금을 사용해서 지불하실 건가요?

shǐyòng   xiànjīn   fùkuǎn

请问，您要 [   ] [   ] [   ] 吗?

83 그는 나의 잘못을 지적했고, 또한 나를 비판했다.

zhǐ   cuòwù   bìngqiě   pīpíng

他 [   ] 出了我的 [   ], [   ] [   ] 了我。

84 아동들에게 있어서, 가정 교육은 매우 중요한 것이다.

Duìyú   értóng   jiàoyù   guānjiàn

[   ] [   ] 来说，家庭 [   ] 是很 [   ] 的。

85 실례하겠습니다. 저는 당신이 어디에서 왔는지, 어느 민족인지 묻고 싶습니다.

Dǎrǎo   láizì   mínzú

[   ] 一下，我想问你 [   ] 哪里，是哪个 [   ]。

🔍 **빠른 정답**

81 你陪我去买一份杂志吧。

82 请问，您要使用现金付款吗?

83 他指出了我的错误，并且批评了我。

84 对于儿童来说，家庭教育是很关键的。

85 打扰一下，我想问你来自哪里，是哪个民族。

86 자연을 보호하는 것은 모든 사람의 책임이다.

Bǎohù   zìrán   suǒyǒu   zérèn

▢▢▢▢ ▢▢▢▢ 是 ▢▢▢▢ 人的 ▢▢▢▢ 。

87 그녀의 그 용감한 결정은 진정으로 나를 감동시켰다.

yǒnggǎn   zhēnzhèng   gǎndòng

她那 ▢▢▢▢ 的决定 ▢▢▢▢ 让我 ▢▢▢▢ 。

88 당신의 조건이 마침 우리가 모집하는 요구에 부합합니다.

tiáojiàn zhènghǎo   fúhé   zhāopìn

你的 ▢▢▢▢ ▢▢▢▢ ▢▢▢▢ 我们 ▢▢▢▢ 的要求。

89 만약 당신이 이 집을 빌리고 싶다면, 집주인에게 연락해야 합니다.

zū   liánxì   fángdōng

如果你想 ▢▢▢▢ 这个房子, 就应该 ▢▢▢▢ ▢▢▢▢ 。

90 지구상에는 일부 매우 가난한 국가들이 있는데, 심지어 광천수가 없다.

Dìqiú   qióng   shènzhì

▢▢▢▢ 上有一些很 ▢▢▢▢ 的国家, ▢▢▢▢ 没有

kuàngquánshuǐ

▢▢▢▢ 。

 빠른 정답

86 保护自然是所有人的责任。
87 她那勇敢的决定真正让我感动。
88 你的条件正好符合我们招聘的要求。

89 如果你想租这个房子, 就应该联系房东。
90 地球上有一些很穷的国家, 甚至没有矿泉水。

91 창문이 마치 하나의 거울 같이 깨끗하다.

Chuānghu　　　　　　　　　jìngzi

［　　　］ 干净得像一面 ［　　　］ 一样。

92 당신 이렇게 두껍게 입고, 덥지 않아요?

　　　　　　　　hòu　　　nándào

你穿得这么 ［　　　］, ［　　　］ 不热吗？

93 이 글의 연구 기초를 중점적으로 말씀해 주세요.

　　zhòngdiǎn　　　　　piān　wénzhāng　yánjiū

请 ［　　　］ 说一下这 ［　　　］ ［　　　］ 的 ［　　　］

　　jīchǔ

［　　　］。

94 1등을 한 후, 나는 긴장을 좀 풀어도 된다고 느꼈다.

　　Dé　　　　　　　gǎnjué　　　fàngsōng

［　　　］ 了第一名后，我 ［　　　］ 可以 ［　　　］ 一下了。

95 내 팔은 들어 올릴 수가 없는데, 나도 어떻게 된 건지 모르겠다.

　　　　gēbo　　tái　　　　　　　　　　　nòng

我的 ［　　　］ ［　　　］ 不起来了，我也不知道怎么 ［　　　］
的。

96   제멋대로 수건을 걸지 마세요.

>   luàn   guà   máojīn
>
> 不要 ⬜ ⬜ ⬜ 。

97   누군가는 매운 것을 먹으면 피부에 좋은 점이 있다고 말한다.

>   là   pífū   hǎochù
>
> 有人说吃 ⬜ 的对 ⬜ 有 ⬜ 。

98   지금 조금 고생하는 것은 미래의 행복을 위해서이다.

>   xīnkǔ   jiānglái   xìngfú
>
> 现在 ⬜ 一点儿是为了 ⬜ 的 ⬜ 。

99   이번 어법 시험은 우리 반 학생들이 전부 합격했다.

>   yǔfǎ   quánbù   hégé
>
> 这次 ⬜ 考试，我们班学生 ⬜ ⬜ 了。

100   네가 유창하게 중국어를 말하고 싶으면, 적어도 문장을 연결해서 말해야 한다.

>   liúlì   zhìshǎo   lián
>
> 你想 ⬜ 地说汉语， ⬜ 要把句子 ⬜ 起来
> 说。

 빠른 정답

96   不要乱挂毛巾。

97   有人说吃辣的对皮肤有好处。

98   现在辛苦一点儿是为了将来的幸福。

99   这次语法考试，我们班学生全部合格了。

100   你想流利地说汉语，至少要把句子连起来说。

说一说

TRACK 4-21

101 ☑ 他一进门就把袜子脱了。

Tā yí jìn mén jiù bǎ wàzi tuō le.

그는 문에 들어서자 마자 양말을 벗었다.

袜子 wàzi 몡 양말
脱 tuō 통 벗다

---

102 他干了一些引起人们误会的事。

Tā gàn le yìxiē yǐnqǐ rénmen wùhuì de shì.

그는 약간의 사람들의 오해를 일으키는 일을 했다.

干 gàn 통 하다
引起 yǐnqǐ 통 일으키다, 야기하다
误会 wùhuì 명동 오해(하다)

---

103 他的理想是打赢国际羽毛球比赛。

Tā de lǐxiǎng shì dǎ yíng guójì yǔmáoqiú bǐsài.

그의 이상은 국제 배드민턴 대회를 이기는 것이다.

理想 lǐxiǎng 명형 이상(적이다)
赢 yíng 통 이기다
国际 guójì 명 국제
羽毛球 yǔmáoqiú 명 배드민턴(공)

---

104 为了祝贺你获得成功，我们一起干杯吧！

Wèile zhùhè nǐ huòdé chénggōng, wǒmen yìqǐ gānbēi ba!

당신이 성공을 거둔 것을 축하하기 위해, 우리 함께 건배합시다!

祝贺 zhùhè 명동 축하(하다)
获得 huòdé 통 얻다, 획득하다
成功 chénggōng 명동형 성공(하다), 성공(적이다)
干杯 gānbēi 이합 건배하다

---

105 你一直批评她会让她伤心的，应该多鼓励她。

Nǐ yìzhí pīpíng tā huì ràng tā shāngxīn de, yīnggāi duō gǔlì tā.

당신이 줄곧 그녀를 비판하면 그녀를 상심하게 할 수 있으니, 그녀를 많이 격려해야 해요.

批评 pīpíng 명동 비판(하다)
伤心 shāngxīn 이합 상심하다, 슬퍼하다
鼓励 gǔlì 명동 격려(하다)

106 请给我一杯无糖的咖啡。
Qǐng gěi wǒ yì bēi wú táng de kāfēi.
저에게 한 잔의 무설탕 커피를 주세요.

无 wú [동] 없다
糖 táng [명] 설탕, 사탕

107 他现在还是一个缺少经验的记者。
Tā xiànzài háishi yí ge quēshǎo jīngyàn de jìzhě.
그는 지금 아직도 경험이 부족한 기자이다.

缺少 quēshǎo [동] 부족하다, 모자라다
经验 jīngyàn [명] 경험
记者 jìzhě [명] 기자

108 死者有二十人，其中十二个是孩子。
Sǐ zhě yǒu èrshí rén, qízhōng shí'èr ge shì háizi.
사망자는 20명이 있는데, 그 중 12명이 아이이다.

死 sǐ [동] 죽다
其中 qízhōng [명] 그 중

109 仔细看这两棵树，就能发现它们的区别。
Zǐxì kàn zhè liǎng kē shù, jiù néng fāxiàn tāmen de qūbié.
이 두 그루의 나무를 자세히 보면, 그것들의 차이를 발견할 수 있다.

仔细 zǐxì [형] 자세하다
棵 kē [양] 그루, 포기(식물을 세는 단위)
区别 qūbié [명] 차이, 다름

110 我这个星期三要去北京出差，大概下午三点出发。
Wǒ zhège xīngqī sān yào qù Běijīng chūchāi, dàgài xiàwǔ sān diǎn chūfā.
나는 이번 주 수요일에 베이징으로 출장을 가려고 하는데, 대략 오후 3시에 출발한다.

出差 chūchāi [이합] 출장하다
大概 dàgài [부] 대략, 대충
出发 chūfā [동] 출발하다

111 实际上我非常讨厌看广告。

Shíjì shàng wǒ fēicháng tǎoyàn kàn guǎnggào.

사실 나는 광고 보는 것을 매우 싫어한다.

实际 shíjì 명·형 실제(적이다)
讨厌 tǎoyàn 동 싫어하다, 미워하다
广告 guǎnggào 명 광고, 선전

112 他想跟售货员再商量一下价格。

Tā xiǎng gēn shòuhuòyuán zài shāngliang yíxià jiàgé.

그는 점원과 다시 가격을 상의해 보고 싶어 한다.

售货员 shòuhuòyuán 명 점원, 판매원
商量 shāngliang 동 상의하다

113 这台电脑的价格是否还能降低呢?

Zhè tái diànnǎo de jiàgé shìfǒu hái néng jiàngdī ne?

이 컴퓨터의 가격은 아직 내려갈 수 있나요?

台 tái 양 기계, 설비, 가전 등을 세는 단위
是否 shìfǒu 부 ~인지 아닌지
降低 jiàngdī 동 내려가다, 내리다, 낮아지다, 낮추다

★ POINT
是否는 '~인지 아닌지'라는 의미로 是不是와 같은 뜻입니다.

114 为了提高收入,他坚持礼拜天加班。

Wèile tígāo shōurù, tā jiānchí lǐbàitiān jiābān.

수입을 올리기 위해, 그는 일요일에 초과 근무하는 것을 끝까지 하고 있다.

收入 shōurù 명 수입
坚持 jiānchí 동 끝까지 하다, 고수하다, 지속하다
礼拜天 lǐbàitiān 일요일
加班 jiābān 이합 초과 근무하다, 잔업하다

115 在正常情况下,开车到郊区大约需要一小时。

Zài zhèngcháng qíngkuàng xià, kāichē dào jiāoqū dàyuē xūyào yì xiǎoshí.

정상적인 상황에서, 차를 운전해서 교외 지역에 가려면 대략 1시간이 필요하다.

正常 zhèngcháng 형 정상(적)이다
情况 qíngkuàng 명 상황
郊区 jiāoqū 명 교외 지역
大约 dàyuē 부 대략, 대강

116 他是一位管理交通的警察。
Tā shì yí wèi guǎnlǐ jiāotōng de jǐngchá.
그는 한 명의 교통을 관리하는 경찰이다.

管理 guǎnlǐ 몡통 관리(하다)
交通 jiāotōng 몡 교통
警察 jǐngchá 몡 경찰

117 对面那家饺子店经常有人排队。
Duìmiàn nà jiā jiǎozi diàn jīngcháng yǒurén páiduì.
맞은편 저 만둣가게는 종종 사람들이 줄을 서 있다.

对面 duìmiàn 몡 맞은편, 반대편
饺子 jiǎozi 몡 만두, 교자
排队 páiduì 이합 줄을 서다

118 他一直向我道歉，于是我原谅了他。
Tā yìzhí xiàng wǒ dàoqiàn, yúshì wǒ yuánliàng le tā.
그는 줄곧 나에게 사과했고, 그래서 나는 그를 용서했다.

道歉 dàoqiàn 이합 사과하다
于是 yúshì 젭 그래서
原谅 yuánliàng 통 용서하다

119 我打破了一个挺好看的杯子，太可惜了。
Wǒ dǎpò le yí ge tǐng hǎokàn de bēizi, tài kěxī le.
내가 아주 예쁜 컵 하나를 깨뜨렸는데, 너무 아깝다.

破 pò 통형 깨다, 망가뜨리다
挺 tǐng 뵈 아주, 매우, 대단히
可惜 kěxī 형 아깝다, 섭섭하다, 애석하다

120 餐厅为了吸引顾客，提供免费的饼干和果汁。
Cāntīng wèile xīyǐn gùkè, tígōng miǎnfèi de bǐnggān hé guǒzhī.
식당은 고객을 끌기 위해, 무료의 과자와 과일 주스를 제공한다.

餐厅 cāntīng 몡 식당
吸引 xīyǐn 통 끌다, 유인하다, 매료시키다, 사로잡다
顾客 gùkè 몡 고객
提供 tígōng 통 제공하다
免费 miǎnfèi 이합 무료로 하다
饼干 bǐnggān 몡 과자, 비스킷
果汁 guǒzhī 몡 과일 주스

121 这里的护士态度都很友好。

Zhèlǐ de hùshi tàidù dōu hěn yǒuhǎo.

이곳의 간호사는 태도가 모두 우호적이다.

护士 hùshi 몡 간호사
态度 tàidù 몡 태도
友好 yǒuhǎo 혱 우호적이다

122 亚洲许多国家的景色非常漂亮。

Yàzhōu xǔduō guójiā de jǐngsè fēicháng piàoliang.

아시아 많은 국가들의 풍경은 매우 아름답다.

亚洲 Yàzhōu 고유 아시아주
许多 xǔduō 혱 많은
景色 jǐngsè 몡 풍경, 경치

123 他的总结不但内容丰富，而且很专业。

Tā de zǒngjié búdàn nèiróng fēngfù, érqiě hěn zhuānyè.

그의 총결산은 내용이 풍부할 뿐만 아니라, 게다가 전문적이다.

总结 zǒngjié 몡동 총결산(하다), 총정리(하다)
内容 nèiróng 몡 내용
丰富 fēngfù 혱 풍부하다
专业 zhuānyè 혱 전문적이다, 프로의

124 她不愿意去，所以我只好一个人去散步了。

Tā bú yuànyì qù, suǒyǐ wǒ zhǐhǎo yí ge rén qù sànbù le.

그녀가 가기를 원치 않아서 나는 할 수 없이 혼자서 산책하러 갔다.

只好 zhǐhǎo 뷔 할 수 없이, 부득이
散步 sànbù 이합 산책하다, 산보하다

125 不管结果怎么样，我都很感谢你当时帮助了我。

Bùguǎn jiéguǒ zěnmeyàng, wǒ dōu hěn gǎnxiè nǐ dāngshí bāngzhù le wǒ.

결과가 어떻든지 관계없이, 저는 당신이 당시 저를 도와준 것에 매우 감사합니다.

不管 bùguǎn 젭 ~에 관계없이, ~을 막론하고
结果 jiéguǒ 몡 결과
感谢 gǎnxiè 동 감사하다
当时 dāngshí 몡 당시, 그 때

★ POINT

어떠한 조건에서도 상황이나 결론이 바뀌지 않음을 나타낼 때 不管A, 都B를 써서 표현합니다.

1 조동사 会

문장 105

쓰임	능력을 나타냄	미래에 대한 추측이나 가능성을 나타냄 (문장 끝에 的 사용)
의미	~할 줄 알다, ~할 수 있다	~할 것이다
예문	我会说汉语。 나는 중국어를 할 줄 안다.	他会回来的。 그는 올 것이다.

2 洲 VS 州

문장 122

· 대륙을 나타낼 때는 洲를 사용합니다.

　예 亚洲 아시아 | 非洲 아프리카 | 欧洲 유럽 | 南美洲 남아메리카 |
　　北美洲 북아메리카

· 국가 안에서의 지역명을 나타낼 때는 州를 사용합니다.

　예 杭州 항저우 | 苏州 쑤저우 | 温州 원저우 | 扬州 양저우 |
　　湖州 후저우 | 泰州 타이저우

3 不管, 无论

문장 125

'~와 관계없이, ~을 막론하고'라는 의미의 不管, 无论은 뒤에 반드시 '의문사'나 '정반의문문' 또는 '还是, 多么' 등이 와야 합니다.

　예 不管/无论天气怎么样, 我都得去。날씨와 관계없이 나는 가야 한다.
　　　　　　　　의문사

　예 不管/无论天气好不好, 我都得去。날씨가 좋거나 좋지 않거나,
　　　　　　　　정반의문문　　　　　　나는 가야 한다.

　예 不管/无论天气好还是不好, 我都得去。날씨가 좋든 안 좋든,
　　　　　　　　还是　　　　　　　　　　나는 가야 한다.

✅ 우리말 해석을 보고 빈칸에 알맞은 중국어를 쓰세요.

101 그는 문에 들어서자 마자 양말을 벗었다.

　　　　　　　wàzi　　　tuō

他一进门就把 [　　　　] [　　　　] 了。

102 그는 약간의 사람들의 오해를 일으키는 일을 했다.

　　　gàn　　　　yǐnqǐ　　　　wùhuì

他 [　　　] 了一些 [　　　] 人们 [　　　] 的事。

103 그의 이상은 국제 배드민턴 대회를 이기는 것이다.

　　　lǐxiǎng　　　yíng　guójì　yǔmáoqiú

他的 [　　　] 是打 [　　] [　　] [　　] 比赛。

104 당신이 성공을 거둔 것을 축하하기 위해, 우리 함께 건배합시다!

　　zhùhè　　huòdé chénggōng　　gānbēi

为了 [　　] 你 [　　　　]，我们一起 [　　]
吧!

105 당신이 줄곧 그녀를 비판하면 그녀를 상심하게 할 수 있으니, 그녀를 많이 격려해야 해요.

　　　pīpíng　　　shāngxīn　　　gǔlì

你一直 [　　] 她会让她 [　　] 的，应该多 [　　]
她。

🔍 **빠른 정답**

101 他一进门就把袜子脱了。
102 他干了一些引起人们误会的事。
103 他的理想是打赢国际羽毛球比赛。

104 为了祝贺你获得成功，我们一起干杯吧!
105 你一直批评她会让她伤心的，应该多鼓励
她。

106 저에게 한 잔의 무설탕 커피를 주세요.

　　　　　　wú　　　　táng
请给我一杯 ＿＿＿＿ ＿＿＿＿ 的咖啡。

107 그는 지금 아직도 경험이 부족한 기자이다.

　　　　　　　　quēshǎo　jīngyàn　　　　jìzhě
他现在还是一个 ＿＿＿＿ ＿＿＿＿ 的 ＿＿＿＿ 。

108 사망자는 20명이 있는데, 그 중 12명이 아이이다.

　　Sǐ　　　　　　qízhōng
＿＿＿＿ 者有二十人，＿＿＿＿ 十二个是孩子。

109 이 두 그루의 나무를 자세히 보면, 그것들의 차이를 발견할 수 있다.

　　Zǐxì　　　　　kē　　　　　　　　qūbié
＿＿＿＿ 看这两 ＿＿＿＿ 树，就能发现它们的 ＿＿＿＿ 。

110 나는 이번 주 수요일에 베이징으로 출장을 가려고 하는데, 대략 오후 3시에 출발한다.

　　　　　　　　　　chūchāi　　dàgài
我这个星期三要去北京 ＿＿＿＿ ，＿＿＿＿ 下午三点
chūfā
＿＿＿＿ 。

빠른 정답

106 请给我一杯无糖的咖啡。
107 他现在还是一个缺少经验的记者。
108 死者有二十人，其中十二个是孩子。

109 仔细看这两棵树，就能发现它们的区别。
110 我这个星期三要去北京出差，大概下午三点出发。

111 사실 나는 광고 보는 것을 매우 싫어한다.

      Shíjì   tǎoyàn   guǎnggào

                上我非常   看   。

112 그는 점원과 다시 가격을 상의해 보고 싶어 한다.

              shòuhuòyuán   shāngliang

他想跟   再   一下价格。

113 이 컴퓨터의 가격은 아직 내려갈 수 있나요?

        tái   shìfǒu   jiàngdī

这   电脑的价格   还能   呢?

114 수입을 올리기 위해, 그는 일요일에 초과 근무하는 것을 끝까지 하고 있다.

           shōurù   jiānchí   lǐbàitiān   jiābān

为了提高   ,他   。

115 정상적인 상황에서, 차를 운전해서 교외 지역에 가려면 대략 1시간이 필요하다.

      zhèngcháng qíngkuàng   jiāoqū   dàyuē

在   下,开车到   需要
一小时。

🔍 **빠른 정답**

111 实际上我非常讨厌看广告。   114 为了提高收入,他坚持礼拜天加班。

112 他想跟售货员再商量一下价格。   115 在正常情况下,开车到郊区大约需要一小时。

113 这台电脑的价格是否还能降低呢?

116 그는 한 명의 교통을 관리하는 경찰이다.

guǎnlǐ　jiāotōng　jǐngchá

他是一位 ░░░░ ░░░░ 的 ░░░░ 。

117 맞은편 저 만둣가게는 종종 사람들이 줄을 서 있다.

Duìmiàn　jiǎozi　páiduì

░░░░ 那家 ░░░░ 店经常有人 ░░░░ 。

118 그는 줄곧 나에게 사과했고, 그래서 나는 그를 용서했다.

dàoqiàn　yúshì　yuánliàng

他一直向我 ░░░░ , ░░░░ 我 ░░░░ 了他。

119 내가 아주 예쁜 컵 하나를 깨뜨렸는데, 너무 아깝다.

pò　tǐng　kěxī

我打 ░░░░ 了一个 ░░░░ 好看的杯子， 太 ░░░░
了。

120 식당은 고객을 끌기 위해, 무료의 과자와 과일 주스를 제공한다.

Cāntīng　xīyǐn　gùkè　tígōng　miǎnfèi

░░░░ 为了 ░░░░ ░░░░ , ░░░░ ░░░░ 的
bǐnggān　guǒzhī

░░░░ 和 ░░░░ 。

🔍 **빠른
정답**

116 他是一位管理交通的警察。　　119 我打破了一个挺好看的杯子，太可惜了。
117 对面那家饺子店经常有人排队。　　120 餐厅为了吸引顾客，提供免费的饼干和
118 他一直向我道歉，于是我原谅了他。　　　果汁。

121 이곳의 간호사는 태도가 모두 우호적이다.

hùshi　　tàidù　　　　yǒuhǎo

这里的 ＿＿＿＿ ＿＿＿＿ 都很 ＿＿＿＿ 。

122 아시아 많은 국가들의 풍경은 매우 아름답다.

Yàzhōu　xǔduō　　　　jǐngsè

＿＿＿＿ ＿＿＿＿ 国家的 ＿＿＿＿ 非常漂亮。

123 그의 총결산은 내용이 풍부할 뿐만 아니라, 게다가 전문적이다.

zǒngjié　　　　nèiróng　fēngfù　　　　　zhuānyè

他的 ＿＿＿＿ 不但 ＿＿＿＿ ＿＿＿＿ ，而且很 ＿＿＿＿ 。

124 그녀가 가기를 원치 않아서 나는 할 수 없이 혼자서 산책하러 갔다.

zhǐhǎo　　　　　sànbù

她不愿意去，所以我 ＿＿＿＿ 一个人去 ＿＿＿＿ 了。

125 결과가 어떻든지 관계없이, 저는 당신이 당시 저를 도와준 것에 매우 감사합니다.

Bùguǎn　jiéguǒ　　　　　　　　gǎnxiè　　dāngshí

＿＿＿＿ ＿＿＿＿ 怎么样，我都很 ＿＿＿＿ 你 ＿＿＿＿

帮助了我。

🔍 **빠른 정답** ──────────────────────────────

121 这里的护士态度都很友好。　　　124 她不愿意去，所以我只好一个人去散步了。
122 亚洲许多国家的景色非常漂亮。　125 不管结果怎么样，我都很感谢你当时帮助了
123 他的总结不但内容丰富，而且很专业。　我。

UNIT 06

유닛 학습 단어 81
학습 누적 단어 477
최종 목표 단어 600

说一说

TRACK 4-26

126 ☑ ☐ ☐

他们俩的爱情让人很羡慕。

Tāmen liǎ de àiqíng ràng rén hěn xiànmù.

그들 두 사람의 사랑은 사람을 매우 부러워하게 만든다.

俩 liǎ [수] 두 사람
爱情 àiqíng [명] 사랑, 애정
羡慕 xiànmù [동] 부러워하다

127 ☐ ☐ ☐

他偶尔会讲以前做生意的经历。

Tā ǒu'ěr huì jiǎng yǐqián zuò shēngyi de jīnglì.

그는 가끔 이전 장사할 때의 경험을 이야기하곤 한다.

偶尔 ǒu'ěr [부] 가끔, 간혹
生意 shēngyi [명] 장사, 영업
经历 jīnglì [명] 경험, 경력

128 ☐ ☐ ☐

他顺利地通过了考试，我真为他骄傲。

Tā shùnlì de tōngguò le kǎoshì, wǒ zhēn wèi tā jiāo'ào.

그는 순조롭게 시험을 통과했고, 나는 정말 그로 인해 자랑스럽다.

顺利 shùnlì [형] 순조롭다
通过 tōngguò [동] (시험 등을) 통과하다
骄傲 jiāo'ào [형] 자랑스럽다, 자부하다

129 ☐ ☐ ☐

她只看到了他的优点，却没看到他的缺点。

Tā zhǐ kàndào le tā de yōudiǎn, què méi kàndào tā de quēdiǎn.

그녀는 오직 그의 장점만을 봤고, 그러나 그의 단점을 보지 못했다.

优点 yōudiǎn [명] 장점
却 què [부] 그러나, 오히려
缺点 quēdiǎn [명] 단점, 결점

130 ☐ ☐ ☐

他因为马虎，把书的数量弄错了，现在很后悔。

Tā yīnwèi mǎhu, bǎ shū de shùliàng nòng cuò le, xiànzài hěn hòuhuǐ.

그는 대충했기 때문에 책의 수량을 틀렸고, 지금 후회한다.

马虎 mǎhu [형] 대강대강하다, 소홀하다, 건성건성하다
数量 shùliàng [명] 수량
弄 nòng [동] 하다
后悔 hòuhuǐ [동] 후회하다

131 她提着一个很重的塑料袋。

Tā tí zhe yí ge hěn zhòng de sùliàodài.

그녀는 하나의 매우 무거운 비닐봉지를 들고 있다.

提 tí [동] 들다, 들어올리다
重 zhòng [형] 무겁다
塑料袋 sùliàodài [명] 비닐봉지

132 他先敲门，接着推开门走了进来。

Tā xiān qiāo mén, jiēzhe tuīkāi mén zǒu le jìnlai.

그는 먼저 노크를 하고, 이어서 문을 밀어 열고 걸어 들어 왔다.

敲 qiāo [동] 두드리다, 치다
接着 jiēzhe [부] 이어서, 잇따라, 연이어
推 tuī [동] 밀다

133 尽管打了针，她还是咳嗽得很厉害。

Jǐnguǎn dǎ le zhēn, tā háishi késou de hěn lìhai.

비록 주사를 맞았지만, 그녀는 여전히 심하게 기침한다.

尽管 jǐnguǎn [접] 비록 ~지만
打针 dǎzhēn [이합] 주사를 맞다, 주사를 놓다
咳嗽 késou [동] 기침하다
厉害 lìhai [형] 심하다, 대단하다

134 观众们看完这场精彩的演出都很激动。

Guānzhòngmen kàn wán zhè chǎng jīngcǎi de yǎnchū dōu hěn jīdòng.

관중들은 이 멋진 공연을 다 보고 모두 감동했다.

观众 guānzhòng [명] 관중, 시청자
场 chǎng [양] (문예, 오락, 체육 활동에서) 회, 번, 차례
精彩 jīngcǎi [형] (공연, 글 등이) 멋지다, 뛰어나다, 훌륭하다
演出 yǎnchū [명·동] 공연(하다)
激动 jīdòng [형] 감동하다, 감격하다, 흥분하다

135 他现在生活得很轻松，不过仍然有烦恼。

Tā xiànzài shēnghuó de hěn qīngsōng, búguò réngrán yǒu fánnǎo.

그는 지금 홀가분하게 생활하고 있지만, 그러나 여전히 걱정이 있다.

生活 shēnghuó [명·동] 생활(하다)
轻松 qīngsōng [형] (기분이) 홀가분하다, 편안하다, (일 등이) 수월하다, 가볍다
不过 búguò [접] 그러나
仍然 réngrán [부] 여전히, 아직도
烦恼 fánnǎo [명·동] 걱정(하다)

136

有的科学知识非常有趣。

Yǒude kēxué zhīshi fēicháng yǒuqù.

어떤 과학 지식은 매우 재미있다.

科学 kēxué 명·형 과학(적이다)
知识 zhīshi 명 지식
有趣 yǒuqù 형 재미있다

137

你觉得这样开玩笑，她会开心吗?

Nǐ juéde zhèyàng kāi wánxiào, tā huì kāixīn ma?

당신 생각에 이렇게 농담하면 그녀가 즐거워할까요?

开玩笑 kāi wánxiào 농담을 하다
开心 kāixīn 형 즐겁다, 유쾌하다

> ★ POINT
>
> 开玩笑는 단독으로도 쓰이지만, 앞에 拿, 跟, 和 등을 사용해 놀림의 대상을 나타낼 수 있습니다.
> 예 别拿我开玩笑了。나 놀리지 마.

138

他在上周举行的乒乓球比赛中失败了。

Tā zài shàngzhōu jǔxíng de pīngpāngqiú bǐsài zhōng shībài le.

그는 지난 주 개최한 탁구 경기에서 실패했다.

举行 jǔxíng 동 개최하다, 거행하다
乒乓球 pīngpāngqiú 명 탁구(공)
失败 shībài 명·동 실패(하다)

139

这个作者在书里面讨论了一些社会问题。

Zhège zuòzhě zài shū lǐmiàn tǎolùn le yìxiē shèhuì wèntí.

이 작가는 책 속에서 일부 사회 문제를 토론했다.

作者 zuòzhě 명 작가
讨论 tǎolùn 명·동 토론(하다)
社会 shèhuì 명 사회

140

我今天去逛街的时候，买了一些葡萄和巧克力。

Wǒ jīntiān qù guàngjiē de shíhou, mǎi le yìxiē pútao hé qiǎokèlì.

나는 오늘 쇼핑하러 갔을 때, 약간의 포도와 초콜릿을 샀다.

逛 guàng 동 한가롭게 거닐다, 돌아보며 구경하다
葡萄 pútao 명 포도
巧克力 qiǎokèlì 명 초콜릿

141 这杯咖啡的味道太苦了。

Zhè bēi kāfēi de wèidao tài kǔ le.

이 커피의 맛은 너무 쓰다.

味道 wèidao 몡 맛
苦 kǔ 혱 쓰다

★ POINT
味道는 '맛'이라는 의미 외에도 '기분, 느낌'이라는 의미도 있습니다.
예 心里不是味道。기분이 좋지 않다.

---

142 他计划读完硕士以后继续读博士。

Tā jìhuà dú wán shuòshì yǐhòu jìxù dú bóshì.

그는 석사 공부를 마친 이후 계속해서 박사 공부를 할 계획이다.

计划 jìhuà 몡동 계획(하다)
硕士 shuòshì 몡 석사
继续 jìxù 동 계속하다
博士 bóshì 몡 박사

---

143 今天多云，温度不高，稍微有点儿冷。

Jīntiān duō yún, wēndù bù gāo, shāowēi yǒudiǎnr lěng.

오늘은 구름이 많고 온도가 높지 않아, 약간 좀 춥다.

云 yún 몡 구름
温度 wēndù 몡 온도
稍微 shāowēi 튀 조금, 약간

---

144 妈妈发信息让我去理发，然而我不想去。

Māma fā xìnxī ràng wǒ qù lǐfà, rán'ér wǒ bù xiǎng qù.

엄마는 메시지를 보내 나더러 이발하러 가라고 했지만, 그러나 나는 가고 싶지 않다.

信息 xìnxī 몡 메시지, 정보
理发 lǐfà 이합 이발하다
然而 rán'ér 젭 그러나

---

145 不用浪费时间排列这些书，随便放在一边就可以了。

Búyòng làngfèi shíjiān páiliè zhèxiē shū, suíbiàn fàng zài yìbiān jiù kěyǐ le.

시간을 낭비해서 이 책들을 배열할 필요 없이, 마음대로 한 쪽에 놓아두면 됩니다.

浪费 làngfèi 동 낭비하다
排列 páiliè 동 배열하다, 정렬하다
随便 suíbiàn 튀 마음대로, 제멋대로, 함부로

146 他的特点是不怕困难。

Tā de tèdiǎn shì bú pà kùnnan.

그의 특징은 어려움을 두려워하지 않는 것이다.

特点 tèdiǎn [명] 특징
困难 kùnnan [명] 어려움
[형] 곤란하다, 어렵다

147 各位同学，请大家耐心地等一下。

Gè wèi tóngxué, qǐng dàjiā nàixīn de děng yíxià.

각 학생 여러분, 모두들 인내심 있게 기다려 주세요.

各 gè [대] 여러, 각자, 각기, 각각
耐心 nàixīn [형] 인내심이 강하다, 참을성이 있다

148 我出生于1988年，我的职业是律师。

Wǒ chūshēng yú yī jiǔ bā bā nián, wǒ de zhíyè shì lǜshī.

나는 1988년에 태어났고, 나의 직업은 변호사이다.

出生 chūshēng [동] 태어나다, 출생하다
职业 zhíyè [명] 직업
律师 lǜshī [명] 변호사

149 他困极了，躺在床上不到一秒就睡着了。

Tā kùn jíle, tǎng zài chuáng shàng bú dào yì miǎo jiù shuì zháo le.

그는 매우 졸려서, 침대에 누운 지 1초도 되지 않아 잠이 들어버렸다.

困 kùn [형] 졸리다
躺 tǎng [동] 눕다, 드러눕다
秒 miǎo [양] 초

150 既然你不想接受他的邀请，那就直接拒绝他吧。

Jìrán nǐ bù xiǎng jiēshòu tā de yāoqǐng, nà jiù zhíjiē jùjué tā ba.

기왕 네가 그의 초대를 받아들이고 싶지 않으면, 직접 그를 거절하도록 해.

既然 jìrán [접] 이미 이렇게 된 바에야, 기왕 그렇게 된 이상
接受 jiēshòu [동] 받아들이다, 수락하다
邀请 yāoqǐng [명·동] 초대(하다), 초청(하다)
直接 zhíjiē [형] 직접의, 직접적인
拒绝 jùjué [명·동] 거절(하다)

1 전환 관계 접속사

문장 133

尽管과 虽然은 '비록 ~지만'이라는 의미의 전환 관계 접속사로 但(是), 可(是), 却, 也, 还(是) 등과 자주 호응합니다.

| 尽管
虽然 | …… | 但(是)
可(是) | 주어 | 却
也
还(是) | …… |

예 尽管他很忙, 可他还是努力学汉语。 비록 그는 바쁘지만, 여전히 열심히 중국어를 배운다.

예 他虽然不高, 但是力气很大。 그는 비록 키가 작지만, 힘이 세다.

2 원인이나 목적을 나타내는 연동문

문장 140

来/去……원인/목적
동사1   동사2

*동사2는 동사1의 원인/목적을 나타냄

예 他去 吃饭。 그는 밥을 먹으러 간다.
　동사1 동사2

예 他来 上课。 그녀는 수업을 하러 온다.
　동사1 동사2

3 各 VS 每

문장 147

• 各: '각각, 각자, 여러'라는 의미로, 각 개체의 차이점을 강조할 때 사용합니다.

　예 各国都有不同的法律。 각 나라마다 다른 법이 있다.

• 每: '~마다, 매, 각'라는 의미로, 전체 가운데에서 각 개체의 공통점을 강조할 때 사용합니다.

　예 每个国家都有法律。 나라마다 법이 있다.

写一写

✓ 우리말 해석을 보고 빈칸에 알맞은 중국어를 쓰세요.

126 그들 두 사람의 사랑은 사람을 매우 부러워하게 만든다.

liǎ   àiqíng   xiànmù

他们 [   ] 的 [   ] 让人很 [   ] 。

127 그는 가끔 이전 장사할 때의 경험을 이야기하곤 한다.

ǒu'ěr   shēngyi   jīnglì

他 [   ] 会讲以前做 [   ] 的 [   ] 。

128 그는 순조롭게 시험을 통과했고, 나는 정말 그로 인해 자랑스럽다.

shùnlì   tōngguò   jiāo'ào

他 [   ] 地 [   ] 了考试，我真为他 [   ] 。

129 그녀는 오직 그의 장점만을 봤고, 그러나 그의 단점을 보지 못했다.

yōudiǎn   què   quēdiǎn

她只看到了他的 [   ]，[   ] 没看到他的 [   ] 。

130 그는 대충했기 때문에 책의 수량을 틀렸고, 지금 후회한다.

mǎhu   shùliàng   nòng

他因为 [   ]，把书的 [   ] [   ] 错了，现在

hòuhuǐ

很 [   ] 。

빠른
정답

126 他们俩的爱情让人很美慕。

127 他偶尔会讲以前做生意的经历。

128 他顺利地通过了考试，我真为他骄傲。

129 她只看到了他的优点，却没看到他的缺点。

130 他因为马虎，把书的数量弄错了，现在很
后悔。

131 그녀는 하나의 매우 무거운 비닐봉지를 들고 있다.

　　　　tí　　　　　zhòng　　　sùliàodài

她 ⬚⬚⬚ 着一个很 ⬚⬚⬚ 的 ⬚⬚⬚ 。

132 그는 먼저 노크를 하고, 이어서 문을 밀어 열고 걸어 들어왔다.

　　　qiāo　　　jiēzhe　　tuī

他先 ⬚⬚⬚ 门，⬚⬚⬚ ⬚⬚⬚ 开门走了进来。

133 비록 주사를 맞았지만, 그녀는 여전히 심하게 기침한다.

　　Jǐnguǎn　　dǎ　　　zhēn　　　　　késou

⬚⬚⬚ ⬚⬚⬚ 了 ⬚⬚⬚ ，她还是 ⬚⬚⬚ 得很

　lìhai

⬚⬚⬚ 。

134 관중들이 이 멋진 공연을 다 보고 모두 감동했다.

　　Guānzhòng　　　　chǎng　　jīngcǎi　　yǎnchū

⬚⬚⬚ 们看完这 ⬚⬚⬚ ⬚⬚⬚ 的 ⬚⬚⬚ 都很

　jīdòng

⬚⬚⬚ 。

135 그는 지금 홀가분하게 생활하고 있지만, 그러나 여전히 걱정이 있다.

　　　shēnghuó　　qīngsōng　　búguò　　réngrán

他现在 ⬚⬚⬚ 得很 ⬚⬚⬚ ，⬚⬚⬚ ⬚⬚⬚ 有

　fánnǎo

⬚⬚⬚ 。

🔍 빠른
　정답

131 她提着一个很重的塑料袋。　　　134 观众们看完这场精彩的演出都很激动。
132 他先敲门，接着推开门走了进来。　135 他现在生活得很轻松，不过仍然有烦恼。
133 尽管打了针，她还是咳嗽得很厉害。

136 어떤 과학 지식은 매우 재미있다.

kēxué　　zhīshi　　yǒuqù

有的 ⬚⬚⬚⬚ ⬚⬚⬚⬚ 非常 ⬚⬚⬚⬚ 。

137 당신 생각에 이렇게 농담하면 그녀가 즐거워할까요?

kāi wánxiào　　kāixīn

你觉得这样 ⬚⬚⬚⬚ ，她会 ⬚⬚⬚⬚ 吗?

138 그는 지난 주 개최한 탁구 경기에서 실패했다.

jǔxíng　　pīngpāngqiú　　shībài

他在上周 ⬚⬚⬚⬚ 的 ⬚⬚⬚⬚ 比赛中 ⬚⬚⬚⬚ 了。

139 이 작가는 책 속에서 일부 사회 문제를 토론했다.

zuòzhě　　tǎolùn　　shèhuì

这个 ⬚⬚⬚⬚ 在书里面 ⬚⬚⬚⬚ 了一些 ⬚⬚⬚⬚ 问题。

140 나는 오늘 쇼핑하러 갔을 때, 약간의 포도와 초콜릿을 샀다.

guàng　　pútao　　qiǎokèlì

我今天去 ⬚⬚⬚⬚ 街的时候，买了一些 ⬚⬚⬚⬚ 和 ⬚⬚⬚⬚ 。

🔍 **빠른 정답**

136 有的科学知识非常有趣。

137 你觉得这样开玩笑，她会开心吗?

138 他在上周举行的乒乓球比赛中失败了。

139 这个作者在书里面讨论了一些社会问题。

140 我今天去逛街的时候，买了一些葡萄和巧克力。

141 이 커피의 맛은 너무 쓰다.

这杯咖啡的 [wèidao] 太 [kǔ] 了。

142 그는 석사 공부를 마친 이후 계속해서 박사 공부를 할 계획이다.

他 [jìhuà] 读完 [shuòshì] 以后 [jìxù] 读 [bóshì]。

143 오늘은 구름이 많고 온도가 높지 않아, 약간 좀 춥다.

今天多 [yún], [wēndù] 不高, [shāowēi] 有点儿冷。

144 엄마는 메시지를 보내 나더러 이발하러 가라고 했지만, 그러나 나는 가고 싶지 않다.

妈妈发 [xìnxī] 让我去 [lǐfà], [rán'ér] 我不想去。

145 시간을 낭비해서 이 책들을 배열할 필요 없이, 마음대로 한 쪽에 놓아두면 됩니다.

不用 [làngfèi] 时间 [páiliè] 这些书, [suíbiàn] 放在一边就可以了。

---

141 这杯咖啡的味道太苦了。
142 他计划读完硕士以后继续读博士。
143 今天多云，温度不高，稍微有点儿冷。
144 妈妈发信息让我去理发，然而我不想去。
145 不用浪费时间排列这些书，随便放在一边就可以了。

문장으로 끝내는 HSK 단어장 1-4급

146 그의 특징은 어려움을 두려워하지 않는 것이다.

　　　　tèdiǎn　　　kùnnan
他的 [　　] 是不怕 [　　]。

147 각 학생 여러분, 모두들 인내심 있게 기다려 주세요.

　　Gè　　　　　　nàixīn
[　　] 位同学，请大家 [　　] 地等一下。

148 나는 1988년에 태어났고, 나의 직업은 변호사이다.

　　　chūshēng　　　　　zhíyè　　lǜshī
我 [　　] 于1988年，我的 [　　] 是 [　　]。

149 그는 매우 졸려서, 침대에 누운 지 1초도 되지 않아 잠이 들어버렸다.

　　kùn　　　　tǎng　　　　　miǎo
他 [　　] 极了，[　　] 在床上不到一 [　　] 就睡着
了。

150 기왕 네가 그의 초대를 받아들이고 싶지 않으면, 직접 그를 거절하도록 해.

　　Jìrán　　　jiēshòu　　yāoqǐng　　　zhíjiē
[　　] 你不想 [　　] 他的 [　　]，那就 [　　]
jùjué
[　　] 他吧。

🔍 빠른
정답

146 他的特点是不怕困难。
147 各位同学，请大家耐心地等一下。
148 我出生于1988年，我的职业是律师。

149 他困极了，躺在床上不到一秒就睡着了。
150 既然你不想接受他的邀请，那就直接拒绝他
吧。

🎧 TRACK 4-31

151 ☑ 孙子看到老虎很兴奋。

Sūnzi kàndào lǎohǔ hěn xīngfèn.

손자는 호랑이를 보고는 흥분했다.

孙子 sūnzi 몡 손자
老虎 lǎohǔ 몡 호랑이
兴奋 xīngfèn 톙 흥분하다, 감격하다, 감동하다

---

152 我们安排了一场热闹的聚会。

Wǒmen ānpái le yì chǎng rènao de jùhuì.

우리는 한 번의 떠들썩한 모임을 마련했다.

安排 ānpái 통 마련하다, 안배하다, 배치하다
场 chǎng 양 (문예, 오락, 체육 활동에서) 번, 회, 차례
热闹 rènao 톙 떠들썩하다, 번화하다, 왁자지껄하다
聚会 jùhuì 몡 모임 통 모이다

---

153 她不敢上台表演，因为她太
害羞了。

Tā bù gǎn shàng tái biǎoyǎn, yīnwèi tā tài hàixiū le.

그녀는 감히 무대에 올라 공연을 할 수 없는데, 왜냐하면 그녀는 너무 부끄러워하기 때문이다.

敢 gǎn 조동 용감하게 하다, 대담하게 하다
台 tái 몡 무대
表演 biǎoyǎn 명통 공연(하다), 연기(하다)
害羞 hàixiū 이합 부끄러워하다, 수줍어하다

---

154 他想尝尝中国菜，比如包子、
烤鸭等。

Tā xiǎng chángchang Zhōngguó cài, bǐrú bāozi、kǎoyā děng.

그는 예를 들어 찐빵, 오리구이 등의 중국 요리를 맛 좀 보고 싶어 한다.

尝 cháng 통 맛보다
比如 bǐrú 통 예를 들어, 예컨대
包子 bāozi 몡 (소가 든) 찐빵, 빠오즈
烤鸭 kǎoyā 몡 오리구이
等 děng 조 등, 따위

---

155 她轻轻地拉开会议室的门，
发现里面已经没座了。

Tā qīngqīng de lākāi huìyìshì de mén, fāxiàn lǐmiàn yǐjing méi zuò le.

그녀는 회의실의 문을 살살 당겨 열었고, 안에 이미 자리가 없다는 것을 발견했다.

轻 qīng 톙 (정도가) 약하다
拉 lā 통 당기다
座 zuò 몡 자리, 좌석

---

156 我们同时要谈两个问题。
Wǒmen tóngshí yào tán liǎng ge wèntí.
우리는 동시에 두 개의 문제를 이야기해야 한다.

同时 tóngshí 🖲 동시에
谈 tán 🖲 이야기하다, 말하다, 토론하다

157 明天你提醒我买橡皮，行吗?
Míngtiān nǐ tíxǐng wǒ mǎi xiàngpí, xíng ma?
내일 네가 나에게 지우개 사는 것을 일깨워 줘. 알겠지?

提醒 tíxǐng 🖲 일깨우다, 주의를 환기시키다
橡皮 xiàngpí 🖲 지우개
行 xíng 🖲 좋다, 괜찮다

158 要是不用刀子，这个盒子就打不开。
Yàoshi bú yòng dāozi, zhège hézi jiù dǎbukāi.
만약 칼을 사용하지 않으면, 이 상자는 열 수 없다.

要是 yàoshi 🖲 만약 ~라면
刀(子) dāo(zi) 🖲 칼
盒子 hézi 🖲 작은 상자

★ POINT
要是 A, 就 B는 '만약 A라면, B하다'라는 의미입니다.

159 工作进行得很顺利，因此他感觉很轻松。
Gōngzuò jìnxíng de hěn shùnlì, yīncǐ tā gǎnjué hěn qīngsōng.
일이 순조롭게 진행되었고, 그래서 그는 홀가분하다고 느낀다.

进行 jìnxíng 🖲 진행하다, (어떤 활동을) 하다
顺利 shùnlì 🖲 순조롭다
因此 yīncǐ 🖲 그래서, 따라서
感觉 gǎnjué 🖲 느끼다, 여기다
轻松 qīngsōng 🖲 (기분이) 홀가분하다, 편안하다, (일 등이) 수월하다, 가볍다

160 无论有多少人和你竞争，你都要对自己有信心。
Wúlùn yǒu duōshao rén hé nǐ jìngzhēng, nǐ dōu yào duì zìjǐ yǒu xìnxīn.
몇 명의 사람이 당신과 경쟁하든 관계없이, 당신은 자신에 대해 자신이 있어야 합니다.

无论 wúlùn 🖲 ~에 관계없이, ~에 막론하고
竞争 jìngzhēng 🖲🖲 경쟁(하다)
信心 xìnxīn 🖲 자신

★ POINT
无论 A, 都/也 B는 'A에 관계없이, B하다'라는 의미입니다.

161 优秀的人往往都很自信。
Yōuxiù de rén wǎngwǎng dōu hěn zìxìn.
우수한 사람은 종종 모두 매우 자신감이 넘친다.

优秀 yōuxiù [형] 우수하다
往往 wǎngwǎng [부] 종종, 자주
自信 zìxìn [형] 자신감이 넘치다, 자신 있어 하다

162 她告诉我的地址竟然是假的。
Tā gàosu wǒ de dìzhǐ jìngrán shì jiǎ de.
그녀가 나에게 알려준 주소는 뜻밖에도 거짓이었다.

地址 dìzhǐ [명] 주소
竟然 jìngrán [부] 뜻밖에도, 의외로
假 jiǎ [형] 거짓의, 가짜의

163 她翻译了一些材料，并且打印出来了。
Tā fānyì le yìxiē cáiliào, bìngqiě dǎyìn chūlai le.
그녀는 약간의 자료를 번역했고, 또한 프린트했다.

翻译 fānyì [동] 번역하다, 통역하다
材料 cáiliào [명] 자료, 재료
并且 bìngqiě [접] 또한, 더욱이
打印 dǎyìn [동] 프린트하다

164 前面水很深，停下来吧，不要继续游泳了。
Qiánmiàn shuǐ hěn shēn, tíng xiàlai ba, búyào jìxù yóuyǒng le.
앞쪽은 물이 깊으니까 멈춰요. 계속 수영하지 마세요.

深 shēn [형] (물이) 깊다, (색이) 짙다
停 tíng [동] 멈추다, 정지하다
继续 jìxù [동] 계속하다

165 这件事既然今天还来得及做，就不要推迟到明天。
Zhè jiàn shì jìrán jīntiān hái láidejí zuò, jiù búyào tuīchí dào míngtiān.
이 일은 기왕 오늘 아직 하기에 늦지 않으니, 내일로 미루지 마라.

既然 jìrán [접] 기왕 그렇게 된 이상, 이미 이렇게 된 바에야
来得及 láidejí 늦지 않다
推迟 tuīchí [동] 미루다, 연기하다

1-2급

3급

4급

플러스 단어장

166 喝汤的时候适合用勺子。

Hē tāng de shíhou shìhé yòng sháozi.

국을 마실 때는 숟가락을 사용하는 것이 적합하다.

汤 tāng 몡 국, 탕
适合 shìhé 통 적합하다, 알맞다
勺子 sháozi 몡 숟가락, 국자

167 你能准确地说出这种药的作用吗?

Nǐ néng zhǔnquè de shuō chū zhè zhǒng yào de zuòyòng ma?

당신은 이 종류의 약의 작용을 정확하게 말해낼 수 있습니까?

准确 zhǔnquè 혱 정확하다, 꼭 맞다
作用 zuòyòng 몡 작용

168 一个亲戚帮我出主意解决了我的问题。

Yí ge qīnqi bāng wǒ chū zhǔyi jiějué le wǒ de wèntí.

한 친척이 나를 도와 의견을 내서 나의 문제를 해결했다.

亲戚 qīnqi 몡 친척
主意 zhǔyi 몡 의견, 생각, 방법

169 抽烟不仅影响周围的人，还会污染空气。

Chōuyān bùjǐn yǐngxiǎng zhōuwéi de rén, hái huì wūrǎn kōngqì.

담배를 피는 것은 주위의 사람들에게 영향을 줄 뿐만 아니라, 또한 공기를 오염시킬 수 있다.

抽烟 chōuyān 이합 담배를 피우다
不仅 bùjǐn 젭 ~일 뿐만 아니라
周围 zhōuwéi 몡 주위
污染 wūrǎn 통 오염시키다, 오염되다
空气 kōngqì 몡 공기

170 原来她一直躺着不是因为懒，而是因为没有力气。

Yuánlái tā yìzhí tǎng zhe bú shì yīnwèi lǎn, érshì yīnwèi méiyǒu lìqi.

알고 보니 그녀가 계속 누워있는 것은 게으르기 때문이 아니라, 힘이 없기 때문이다.

原来 yuánlái 혱 알고 보니
躺 tǎng 통 눕다, 드러눕다
懒 lǎn 혱 게으르다, 나태하다
而 ér 젭 상황에 따라 순접(그래서)과 역접(그러나)을 모두 나타낼 수 있음
力气 lìqi 몡 힘, 체력

171 请按照 顺序 回答问题。
Qǐng ànzhào shùnxù huídá wèntí.
순서에 따라 질문에 대답해 주세요.

按照 ànzhào (전) ~에 따라, ~에 비추어
顺序 shùnxù (명) 순서

172 他以最快的速度 及时 赶到了 这里。
Tā yǐ zuì kuài de sùdù jíshí gǎndào le zhèli.
그는 가장 빠른 속도로써 이 곳에 때맞춰 도착했다.

以 yǐ (전접) ~(함으)로써, ~으로
速度 sùdù (명) 속도
及时 jíshí (부) 제때에, 적시에
赶 gǎn (동) (교통수단을 시간에 맞추어 따라잡아) 타다, (시간에) 맞추다

173 他应聘 成功了，成了一个正式 的律师。
Tā yìngpìn chénggōng le, chéng le yí ge zhèngshì de lǜshī.
그는 지원에 성공해서, 한 명의 정식 변호사가 되었다.

应聘 yìngpìn (동) 지원하다, 응시하다
成功 chénggōng (명·동·형) 성공(하다), 성공(적이다)
正式 zhèngshì (형) 정식의, 정식적인
律师 lǜshī (명) 변호사

174 我与她是在网站上认识的， 并不是很熟悉。
Wǒ yǔ tā shì zài wǎngzhàn shàng rènshi de, bìng bú shì hěn shúxī.
나와 그녀는 인터넷 사이트 상에서 알게 되어서, 결코 잘 아는 것은 아니다.

与 yǔ (전접) ~와(과)
网站 wǎngzhàn (명) (인터넷) 사이트
熟悉 shúxī (형) 충분히 알다, 상세히 알다

175 这个西红柿太酸了，她吃了 一口就扔进了垃圾桶里。
Zhège xīhóngshì tài suān le, tā chī le yì kǒu jiù rēng jìn le lājītǒng lǐ.
이 토마토는 너무 시어서, 그녀는 한 입 먹고 바로 쓰레기통으로 버렸다.

西红柿 xīhóngshì (명) 토마토
酸 suān (형) (맛이나 냄새가) 시다
扔 rēng (동) 버리다, 던지다
垃圾桶 lājītǒng (명) 쓰레기통

알고나면 쉬워지는
최은정의 시크릿 노트 ★ ★ ☆

1 往往 VS 常常

문장 161

	往往	常常
쓰임	일정한 경향이나 규칙 강조	동작의 빈도 강조
의미	종종, 자주	자주, 종종
예문	我不想吃饭的时候, 往往吃中国菜。 나는 밥맛이 없을 때 종종 중국 음식을 먹는다. *밥맛이 없을 때 그런 경향이 있음을 강조	我常常吃中国菜。 나는 중국 음식을 자주 먹는다.

2 어기부사 原来

문장 170

• 알고 보니
예전에 몰랐던 사실을 알게 되었을 때 사용합니다.

> 예 我以为他是中国人, 原来是韩国人。나는 그가 중국인인 줄 알았는데, 알고 보니 한국인이었다.

• 원래, 본래
과거와 현재 사이에 상황의 변화가 일어났을 때 사용합니다.

> 예 他原来身体不好, 现在好多了。그는 원래 몸이 좋지 않았는데, 지금은 많이 좋아졌다.

3 应聘 VS 招聘

문장 173

• 应聘
'지원하다, 초빙에 응하다'라는 의미로 지원자가 한 회사의 모집에 지원하거나 초빙에 응할 때 사용합니다.

> 예 这位大夫准备去应聘。이 의사는 지원하러 갈 예정이다.

• 招聘
'모집하다, 초빙하다'라는 의미로 회사나 고용주가 직원을 채용하기 위해 사람을 모집할 때 사용합니다.

> 예 医院招聘几位大夫。병원에서 의사 몇 분을 모집하다.

写一写

✅ 우리말 해석을 보고 빈칸에 알맞은 중국어를 쓰세요.

151 손자는 호랑이를 보고는 흥분했다.

　　Sūnzi　　　　lǎohǔ　　　xīngfèn

☐☐☐ 看到 ☐☐☐ 很 ☐☐☐ 。

152 우리는 한 번의 떠들썩한 모임을 마련했다.

　　　　　ānpái　　　chǎng　　rènao　　　jùhuì

我们 ☐☐☐ 了一 ☐☐☐ ☐☐☐ 的 ☐☐☐ 。

153 그녀는 감히 무대에 올라 공연을 할 수 없는데, 왜냐하면 그녀는 너무 부끄러워하기 때문이다.

　　　　gǎn　　　　tái　　biǎoyǎn

她不 ☐☐☐ 上 ☐☐☐ ☐☐☐ ，因为她太

　hàixiū

☐☐☐ 了。

154 그는 예를 들어 찐빵, 오리구이 등의 중국 요리를 맛 좀 보고 싶어 한다.

　　chángchang　　　bǐrú　　　bāozi　　　kǎoyā

他想 ☐☐☐ 中国菜，☐☐☐ ☐☐☐ 、☐☐☐

　děng

☐☐☐ 。

155 그녀는 회의실의 문을 살살 당겨 열었고, 안에 이미 자리가 없다는 것을 발견했다.

　　qīngqīng　　　lā

她 ☐☐☐ 地 ☐☐☐ 开会议室的门，

　　　　　　　zuò

发现里面已经没 ☐☐☐ 了。

🔍 빠른 정답

151 孙子看到老虎很兴奋。
152 我们安排了一场热闹的聚会。
153 她不敢上台表演，因为她太害羞了。
154 他想尝尝中国菜，比如包子、烤鸭等。
155 她轻轻地拉开会议室的门，发现里面已经没座了。

156 우리는 동시에 두 개의 문제를 이야기해야 한다.

tóngshí   tán

我们 [ ] 要 [ ] 两个问题。

157 내일 네가 나에게 지우개 사는 것을 일깨워 줘. 알겠지?

tíxǐng   xiàngpí   xíng

明天你 [ ] 我买 [ ], [ ] 吗?

158 만약 칼을 사용하지 않으면, 이 상자는 열 수 없다.

Yàoshi   dāo   hézi

[ ] 不用 [ ] 子, 这个 [ ] 就打不开。

159 일이 순조롭게 진행되었고, 그래서 그는 홀가분하다고 느낀다.

jìnxíng   shùnlì   yīncǐ   gǎnjué

工作 [ ] 得很 [ ], [ ] 他 [ ] 很

qīngsōng

[ ] 。

160 몇 명의 사람이 당신과 경쟁하든 관계없이, 당신은 자신에 대해 자신이 있어야 합니다.

Wúlùn   jìngzhēng   xìnxīn

[ ] 有多少人和你 [ ], 你都要对自己有 [ ]。

🔍 **빠른 정답**

156 我们同时要谈两个问题。

157 明天你提醒我买橡皮, 行吗?

158 要是不用刀子, 这个盒子就打不开。

159 工作进行得很顺利, 因此他感觉很轻松。

160 无论有多少人和你竞争, 你都要对自己有信心。

161 우수한 사람은 종종 모두 매우 자신감이 넘친다.

Yōuxiù　　wǎngwǎng　　zìxìn

　　　　　的人　　　　　都很　　　　　。

162 그녀가 나에게 알려준 주소는 뜻밖에도 거짓이었다.

　　　　　dìzhǐ　　jìngrán　　jiǎ

她告诉我的　　　　　　　　　是　　　　　的。

163 그녀는 약간의 자료를 번역했고, 또한 프린트했다.

　　　fānyì　　　　cáiliào　　bìngqiě　　dǎyìn

她　　　　了一些　　　　，　　　　　　　出来了。

164 앞쪽은 물이 깊으니까 멈춰요. 계속 수영하지 마세요.

　　　shēn　　　tíng　　　　　jìxù

前面水很　　　，　　　　下来吧，不要　　　游泳
了。

165 이 일은 기왕 오늘 아직 하기에 늦지 않으니, 내일로 미루지 마라.

　　　jìrán　　　　láidejí　　　　tuīchí

这件事　　　今天还　　　做，就不要　　　到
明天。

🔍 **빠른
정답**

161 优秀的人往往都很自信。　　164 前面水很深，停下来吧，不要继续游泳了。
162 她告诉我的地址竟然是假的。　165 这件事既然今天还来得及做，就不要推迟到
163 她翻译了一些材料，并且打印出来了。　　明天。

문장으로 끝내는 HSK 단어장 1–4급

166 국을 마실 때는 숟가락을 사용하는 것이 적합하다.

        tāng   shìhé   sháozi

喝   的时候   用   。

167 당신은 이 종류의 약의 작용을 정확하게 말해낼 수 있습니까?

        zhǔnquè   zuòyòng

你能   地说出这种药的   吗?

168 한 친척이 나를 도와 의견을 내서 나의 문제를 해결했다.

        qīnqi   zhǔyi

一个   帮我出   解决了我的问题。

169 담배를 피는 것은 주위의 사람들에게 영향을 줄 뿐만 아니라, 또한 공기를 오염시킬 수 있다.

  Chōuyān   bùjǐn   zhōuwéi   wūrǎn

            影响   的人，还会

  kōngqì

      。

170 알고 보니 그녀가 계속 누워있는 것은 게으르기 때문이 아니라, 힘이 없기 때문이다.

  Yuánlái   tǎng   lǎn   ér

      她一直   着不是因为   ,

        lìqi

是因为没有   。

🔍 **빠른 정답**

166 喝汤的时候适合用勺子。

167 你能准确地说出这种药的作用吗?

168 一个亲戚帮我出主意解决了我的问题。

169 抽烟不仅影响周围的人，还会污染空气。

170 原来她一直躺着不是因为懒，而是因为没有力气。

171 순서에 따라 질문에 대답해 주세요.

        ànzhào   shùnxù

请 ⬜⬜⬜ ⬜⬜⬜ 回答问题。

172 그는 가장 빠른 속도로써 이 곳에 때맞춰 도착했다.

        yǐ   sùdù   jíshí   gǎn

他 ⬜⬜ 最快的 ⬜⬜⬜ ⬜⬜⬜ ⬜⬜⬜ 到了这里。

173 그는 지원에 성공해서, 한 명의 정식 변호사가 되었다.

        yìngpìn chénggōng   zhèngshì   lǜshī

他 ⬜⬜⬜ ⬜⬜⬜ 了，成了一个 ⬜⬜⬜ 的 ⬜⬜⬜ 。

174 나와 그녀는 인터넷 사이트 상에서 알게 되어서, 결코 잘 아는 것은 아니다.

        yǔ   wǎngzhàn   shúxī

我 ⬜⬜ 她是在 ⬜⬜⬜ 上认识的，并不是很 ⬜⬜⬜ 。

175 이 토마토는 너무 시어서, 그녀는 한 입 먹고 바로 쓰레기통으로 버렸다.

        xīhóngshì   suān   rēng

这个 ⬜⬜⬜ 太 ⬜⬜⬜ 了，她吃了一口就 ⬜⬜⬜ 进了

lājītǒng

⬜⬜⬜ 里。

🔍 **빠른 정답**

171 请按照顺序回答问题。
172 他以最快的速度及时赶到了这里。
173 他应聘成功了，成了一个正式的律师。

174 我与她是在网站上认识的，并不是很熟悉。
175 这个西红柿太酸了，她吃了一口就扔进了
    垃圾桶里。

🎧 TRACK 4-36

176 ☑ 这种药的效果是暂时的。
Zhè zhǒng yào de xiàoguǒ shì zànshí de.
이 종류의 약의 효과는 일시적인 것이다.

效果 xiàoguǒ 몡 효과
暂时 zànshí 몡 일시적인, 잠깐의, 잠시의

177 这节课上做的填空题太无聊了。
Zhè jié kè shàng zuò de tiánkòng tí tài wúliáo le.
이번 교시 수업에서 하는 빈칸 넣기 문제는 너무 지루하다.

节 jié 얭 수업의 교시를 세는 단위
填空 tiánkòng 이합 빈칸에 써넣다
无聊 wúliáo 톙 지루하다, 무료하다, 따분하다

178 这个月底我要去一趟中国的
首都北京。
Zhège yuèdǐ wǒ yào qù yí tàng Zhōngguó de
shǒudū Běijīng.
이번 월말에 나는 중국의 수도 베이징에 한 번 갔다 오려
고 한다.

底 dǐ 몡 말(末), 끝
趟 tàng 얭 번, 차례
首都 shǒudū 몡 수도

179 姐姐每天八点左右写日记，
九点准时睡觉。
Jiějie měitiān bā diǎn zuǒyòu xiě rìjì, jiǔ diǎn
zhǔnshí shuìjiào.
언니는 매일 8시쯤 일기를 쓰고, 9시 정시에 잠을 잔다.

左右 zuǒyòu 몡 쯤, 가량, 안팎
日记 rìjì 몡 일기
准时 zhǔnshí 튀 정시에, 제 때에

180 我觉得选礼物要选质量好的，
另外，最好有艺术感。
Wǒ juéde xuǎn lǐwù yào xuǎn zhìliàng hǎo de,
lìngwài, zuìhǎo yǒu yìshùgǎn.
나는 선물을 선택할 때는 품질이 좋은 것을 선택해야 하
고, 그 밖에 가장 좋기로는 예술적 감각이 있는 것이라고
생각한다.

质量 zhìliàng 몡 (품)질
另外 lìngwài 쩹 그 밖에
最好 zuìhǎo 튀 제일 좋기는
艺术 yìshù 명형 예술(적이다)

181 坏人不值得同情。

Huài rén bù zhíde tóngqíng.

나쁜 사람은 동정할 만한 가치가 없다.

值得 zhíde 동 ~할 만한 가치가 있다
同情 tóngqíng 명·동 동정(하다)

182 他照了一下镜子，感觉自己很帅。

Tā zhào le yíxià jìngzi, gǎnjué zìjǐ hěn shuài.

그는 거울을 한 번 비춰보고는 자신이 잘생겼다고 느꼈다.

照 zhào 동 (거울에) 비추다
镜子 jìngzi 명 거울
感觉 gǎnjué 동 느끼다, 여기다
帅 shuài 형 잘생기다, 멋지다

★ POINT

照는 '(거울에) 비추다'라는 의미 외에도 '사진이나 영화를 찍다, 촬영하다'라는 의미도 있습니다.

183 学习语言的速度与性别有关系吗？

Xuéxí yǔyán de sùdù yǔ xìngbié yǒu guānxi ma?

언어를 배우는 속도는 성별과 관계가 있습니까?

语言 yǔyán 명 언어
速度 sùdù 명 속도
与 yǔ 전접 ~와(과)
性别 xìngbié 명 성별

184 我们可以根据动作来判断一个人的心情。

Wǒmen kěyǐ gēnjù dòngzuò lái pànduàn yí ge rén de xīnqíng.

우리는 행동을 근거로 한 사람의 기분을 판단할 수 있다.

动作 dòngzuò 명 행동, 동작
判断 pànduàn 명·동 판단(하다)
心情 xīnqíng 명 기분, 심정, 마음

185 首先，上课前要好好儿预习；其次，下课后要认真复习。

Shǒuxiān, shàngkè qián yào hǎohāor yùxí; qícì, xiàkè hòu yào rènzhēn fùxí.

첫째로 수업 전에 아주 잘 예습해야 하고, 그 다음은 수업 후에 착실히 복습해야 한다.

首先 shǒuxiān 대 첫째, 맨 먼저, 우선
预习 yùxí 명·동 예습(하다)
其次 qícì 대 다음, 그 다음

186
这里的规定很严格。
Zhèli de guīdìng hěn yángé.
이곳의 규정은 엄격하다.

规定 guīdìng 명동 규정(하다)
严格 yángé 형 엄격하다

187
跟幽默的人在一起，你会很愉快。
Gēn yōumò de rén zài yìqǐ, nǐ huì hěn yúkuài.
유머러스한 사람과 함께 있으면, 당신은 유쾌할 거예요.

幽默 yōumò 형 유머러스하다, 유머가 있다
愉快 yúkuài 형 유쾌하다, 기분이 좋다

188
我们会以短信通知大家开会的地点。
Wǒmen huì yǐ duǎnxìn tōngzhī dàjiā kāihuì de dìdiǎn.
우리는 문자 메시지로 모두에게 회의할 장소를 통지할 것입니다.

以 yǐ 전접 ~으로, ~(함으)로써,
短信 duǎnxìn 명 문자 메시지
通知 tōngzhī 명동 통지(하다)
地点 dìdiǎn 명 장소, 지점

189
也许是钥匙坏了，否则怎么打不开门呢?
Yěxǔ shì yàoshi huài le, fǒuzé zěnme dǎbukāi mén ne?
아마도 열쇠가 고장 난 것 같아. 그렇지 않으면 어째서 문을 열 수 없는 거지?

也许 yěxǔ 부 아마도, 어쩌면
钥匙 yàoshi 명 열쇠
否则 fǒuzé 접 만약 그렇지 않으면

★ POINT
也许의 유사 표현으로 '可能, 恐怕'가 있습니다.

190
她最近养成了吃晚饭以后去公园转一转的习惯。
Tā zuìjìn yǎngchéng le chī wǎnfàn yǐhòu qù gōngyuán zhuàn yi zhuàn de xíguàn.
그녀는 최근 저녁을 먹은 이후 공원에 가서 좀 걸어 다니는 습관을 길렀다.

养成 yǎngchéng 동 (습관을) 기르다
转 zhuàn 동 (맴)돌다, 회전하다

191 失败是成功之母。

Shībài shì chénggōng zhī mǔ.

실패는 성공의 어머니이다.

失败 shībài 명동 실패(하다)
成功 chénggōng 명동형
　성공(하다), 성공(적이다)
之 zhī 죄 ~의

---

192 这个儿童用的牙膏味道很香。

Zhège értóng yòng de yágāo wèidao hěn xiāng.

이 어린이용 치약은 맛이 향기롭다.

儿童 értóng 명 어린이, 아동
牙膏 yágāo 명 치약
味道 wèidao 명 맛
香 xiāng 형 향기롭다

---

193 他用省下来的零钱给女朋友买了小吃。

Tā yòng shěng xiàlai de língqián gěi nǚ péngyou mǎi le xiǎochī.

그는 아낀 용돈으로 여자 친구에게 간식을 사 주었다.

省 shěng 동 아끼다, 절약하다, 줄이다
零钱 língqián 명 용돈, 잔돈
小吃 xiǎochī 명 간식, 간단한 음식

---

194 有什么问题尽管问我，千万别不好意思。

Yǒu shénme wèntí jǐnguǎn wèn wǒ, qiānwàn bié bù hǎo yìsi.

무슨 문제가 있으면 얼마든지 나에게 물어요. 절대 미안해하지 말고요.

尽管 jǐnguǎn 부 얼마든지, 마음 놓고
千万 qiānwàn 부 절대, 제발, 부디

★ POINT
尽管은 '얼마든지, 마음 놓고'라는 의미의 부사적 용법 외에도 '비록 ~라 하더라도'라는 의미의 접속사 용법도 있습니다.

---

195 在我的印象中，过了这座桥以后，前面有个加油站。

Zài wǒ de yìnxiàng zhōng, guò le zhè zuò qiáo yǐhòu, qiánmiàn yǒu ge jiāyóuzhàn.

내 인상 속에는, 이 다리를 지난 이후 앞에 주유소가 하나 있다.

印象 yìnxiàng 명 인상
座 zuò 양 산, 건물, 다리, 도시 등 비교적 크고 고정된 물체를 세는 단위
桥 qiáo 명 다리, 교량
加油站 jiāyóuzhàn 명 주유소

196 友谊和爱情一样重要。

Yǒuyì hé àiqíng yíyàng zhòngyào.

우정과 사랑은 똑같이 중요하다.

友谊 yǒuyì 몡 우정
爱情 àiqíng 몡 사랑, 애정

---

197 妈妈不允许我坐在爸爸的座位上。

Māma bù yǔnxǔ wǒ zuò zài bàba de zuòwèi shàng.

엄마는 내가 아빠 자리 위에 앉는 것을 허락하지 않는다.

允许 yǔnxǔ 통 허락하다, 허가하다
座位 zuòwèi 몡 자리, 좌석

---

198 今年春节你们公司到底发不发奖金呢？

Jīnnián Chūnjié nǐmen gōngsī dàodǐ fā bu fā jiǎngjīn ne?

올해 음력설에 당신 회사는 도대체 보너스를 지급해요 안 해요?

到底 dàodǐ 튀 도대체
奖金 jiǎngjīn 몡 보너스, 상여금

---

199 他喜欢听广播，尤其喜欢听国际新闻。

Tā xǐhuan tīng guǎngbō, yóuqí xǐhuan tīng guójì xīnwén.

그는 라디오 방송 듣는 것을 좋아하는데, 특히 국제 뉴스 듣는 것을 좋아한다.

广播 guǎngbō 몡 라디오 방송
尤其 yóuqí 튀 특히, 더욱
国际 guójì 몡 국제

---

200 如果忘记银行卡的密码是什么数字，就不能取钱了。

Rúguǒ wàngjì yínhángkǎ de mìmǎ shì shénme shùzì, jiù bù néng qǔ qián le.

만약 은행 카드의 비밀번호가 무슨 숫자인지 잊어버리면, 돈을 찾을 수 없게 된다.

密码 mìmǎ 몡 비밀번호
数字 shùzì 몡 숫자
取 qǔ 통 찾다, 찾아 가지다

1 值得의 용법

문장 181

值得는 동사와 형용사 용법이 있습니다.

• 동사: ~할 만한 가치가 있다

   예 **这件事**值得做。이 일은 할 만한 가치가 있다.

• 형용사: 가치가 있다

   예 **这件事很**值得。이 일은 가치가 있다.

2 4급 명량사 총정리

명량사란 명사를 세는 양사를 뜻합니다.

篇	편(글을 세는 단위)	一篇**文章** 한 편의 글
份	문서, 서류를 세는 단위	一份**报纸** 신문 한 부
棵	그루, 포기(식물을 세는 단위)	一棵**树** 나무 한 그루
台	기계, 설비, 가전 등을 세는 단위	一台**电脑** 컴퓨터 한 대
节	수업의 교시를 세는 단위	一节**课** 1교시 수업

3 4급 이합동사, 전치사 총정리

• 이합동사: '동사 + 목적어' 구조로 된 2음절 단어를 뜻합니다.

• 전치사: 명사나 대명사 앞에서 전치사구를 구성하며 단독으로 쓰일 수
   없습니다.

이합동사	전치사
排队 줄을 서다	**由** ~가, ~이(동작의 주체 강조)
免费 무료로 하다	**由于** ~때문에(원인을 나타냄)
散步 산책하다, 산보하다	**通过** ~을 통해(수단·방식을 나타냄)
加班 초과 근무하다, 잔업하다	**随着** ~에 따라(변화·발전을 나타냄)
打针 주사를 맞다, 주사를 놓다	**对于** ~에 대해(대상을 나타냄)
随便 마음대로 하다, 좋을 대로 하다	

写一写

✅ 우리말 해석을 보고 빈칸에 알맞은 중국어를 쓰세요.

176 이 종류 약의 효과는 일시적인 것이다.

              xiàoguǒ   zànshí

这种药的 ▢▢▢ 是 ▢▢▢ 的。

177 이번 교시 수업에서 하는 빈칸 넣기 문제는 너무 지루하다.

          jié   tiánkòng   wúliáo

这 ▢▢▢ 课上做的 ▢▢▢ 题太 ▢▢▢ 了。

178 이번 월말에 나는 중국의 수도 베이징에 한 번 갔다 오려고 한다.

            dǐ   tàng   shǒudū

这个月 ▢▢▢ 我要去一 ▢▢▢ 中国的 ▢▢▢ 北京。

179 언니는 매일 8시쯤 일기를 쓰고, 9시 정시에 잠을 잔다.

               zuǒyòu   rìjì   zhǔnshí

姐姐每天八点 ▢▢▢ 写 ▢▢▢，九点 ▢▢▢ 睡觉。

180 나는 선물을 선택할 때는 품질이 좋은 것을 선택해야 하고, 그 밖에 가장 좋기로는 예술적 감각이 있는 것이라고 생각한다.

                 zhìliàng   lìngwài   zuìhǎo

我觉得选礼物要选 ▢▢▢ 好的，▢▢▢，▢▢▢

      yìshù

有 ▢▢▢ 感。

빠른 정답

176 这种药的效果是暂时的。　179 姐姐每天八点左右写日记，九点准时睡觉。

177 这节课上做的填空题太无聊了。　180 我觉得选礼物要选质量好的，另外，最好有

178 这个月底我要去一趟中国的首都北京。　　艺术感。

181 나쁜 사람은 동정할 만한 가치가 없다.

　　　　　　　　zhíde　　tóngqíng

坏人不 ▢▢▢▢ ▢▢▢▢ 。

182 그는 거울을 한 번 비춰보고는 자신이 잘생겼다고 느꼈다.

　　　　zhào　　　　jìngzi　　gǎnjué　　　　shuài

他 ▢▢▢▢ 了一下 ▢▢▢▢ ，▢▢▢▢ 自己很 ▢▢▢▢ 。

183 언어를 배우는 속도는 성별과 관계가 있습니까?

　　　　yǔyán　　sùdù　　　yǔ　xìngbié

学习 ▢▢▢▢ 的 ▢▢▢▢ ▢▢▢▢ ▢▢▢▢ 有关系吗?

184 우리는 행동을 근거로 한 사람의 기분을 판단할 수 있다.

　　　　　　dòngzuò　　pànduàn　　　　xīnqíng

我们可以根据 ▢▢▢▢ 来 ▢▢▢▢ 一个人的 ▢▢▢▢ 。

185 첫째로 수업 전에 아주 잘 예습해야 하고, 그 다음은 수업 후에 착실히 복습해야 한다.

Shǒuxiān　　　　　　　　yùxí　　qícì

▢▢▢▢ ，上课前要好好儿 ▢▢▢▢ ； ▢▢▢▢ ，下课后要 认真复习。

🔍 **빠른 정답**

181 坏人不值得同情。
182 他照了一下镜子，感觉自己很帅。
183 学习语言的速度与性别有关系吗?

184 我们可以根据动作来判断一个人的心情。
185 首先，上课前要好好儿预习；其次，下课后 要认真复习。

186 이곳의 규정은 엄격하다.

　　　　guīdìng　　yángé

这里的 ⬚⬚⬚ 很 ⬚⬚⬚ 。

187 유머러스한 사람과 함께 있으면, 당신은 유쾌할 거예요.

　　yōumò　　　　　　　　yúkuài

跟 ⬚⬚⬚ 的人在一起，你会很 ⬚⬚⬚ 。

188 우리는 문자 메시지로 모두에게 회의할 장소를 통지할 것입니다.

　　yǐ　duǎnxìn　tōngzhī　　　dìdiǎn

我们会 ⬚⬚⬚ ⬚⬚⬚ ⬚⬚⬚ 大家开会的 ⬚⬚⬚ 。

189 아마도 열쇠가 고장 난 것 같아. 그렇지 않으면 어째서 문을 열 수 없는 거지?

　Yěxǔ　　yàoshi　　　fǒuzé

⬚⬚⬚ 是 ⬚⬚⬚ 坏了，⬚⬚⬚ 怎么打不开门呢?

190 그녀는 최근 저녁을 먹은 이후 공원에 가서 좀 걸어 다니는 습관을 길렀다.

　　yǎngchéng　　　　zhuàn　　zhuàn

她最近 ⬚⬚⬚ 了吃晚饭以后去公园 ⬚⬚⬚ 一 ⬚⬚⬚ 的习惯。

🔍 **빠른 정답**

186 这里的规定很严格。
187 跟幽默的人在一起，你会很愉快。
188 我们会以短信通知大家开会的地点。

189 也许是钥匙坏了，否则怎么打不开门呢?
190 她最近养成了吃晚饭以后去公园转一转的习惯。

191 실패는 성공의 어머니이다.

    Shībài   chénggōng   zhī

　　　 是 　　　 　　　 母。

192 이 어린이용 치약은 맛이 향기롭다.

    értóng   yágāo   wèidao   xiāng

这个 　　　 用的 　　　 　　　 很 　　　。

193 그는 아낀 용돈으로 여자 친구에게 간식을 사 주었다.

    shěng   língqián   xiǎochī

他用 　　　 下来的 　　　 给女朋友买了 　　　。

194 무슨 문제가 있으면 얼마든지 나에게 물어요. 절대 미안해하지 말고요.

    jǐnguǎn   qiānwàn

有什么问题 　　　 问我, 　　　 别不好意思。

195 내 인상 속에는, 이 다리를 지난 이후 앞에 주유소가 하나 있다.

    yìnxiàng   zuò   qiáo

在我的 　　　 中, 过了这 　　　 　　　 以后,

    jiāyóuzhàn

前面有个 　　　。

🔍 **빠른 정답**

191 失败**是**成功**之母**。   194 有什么问题尽管问我, 千万别不好意思。

192 这个儿童用的牙膏味道**很**香。   195 在我的印象中, 过了这座桥以后, 前面有个

193 他用省下来的零钱给女朋友买了小吃。   加油站。

196 우정과 사랑은 똑같이 중요하다.

Yǒuyì   àiqíng

_____ 和 _____ 一样重要。

197 엄마는 내가 아빠 자리 위에 앉는 것을 허락하지 않는다.

yǔnxǔ   zuòwèi

妈妈不 _____ 我坐在爸爸的 _____ 上。

198 올해 음력설에 당신 회사는 도대체 보너스를 지급해요 안 해요?

dàodǐ   jiǎngjīn

今年春节你们公司 _____ 发不发 _____ 呢?

199 그는 라디오 듣는 것을 좋아하는데, 특히 국제 뉴스 듣는 것을 좋아한다.

guǎngbō   yóuqí   guójì

他喜欢听 _____, _____ 喜欢听 _____ 新闻。

200 만약 은행 카드의 비밀번호가 무슨 숫자인지 잊어버리면, 돈을 찾을 수 없게 된다.

mìmǎ   shùzì

如果忘记银行卡的 _____ 是什么 _____, 就不能

qǔ

_____ 钱了。

빠른 정답

196 友谊和爱情一样重要。
197 妈妈不允许我坐在爸爸的座位上。
198 今年春节你们公司到底发不发奖金呢?
199 他喜欢听广播，尤其喜欢听国际新闻。
200 如果忘记银行卡的密码是什么数字，就不能取钱了。

HSK 4급 미니 모의고사 1

[듣기]

🎧 TRACK 4-41

1-5. 녹음 내용과 제시된 문장이 일치하면 √, 일치하지 않으면 X 표시하세요.

1. ★ 小张做事很冷静。 ( )

2. ★ 他很熟悉周围环境。 ( )

3. ★ 他们要坐地铁。 ( )

4. ★ 酒后不开车是对自己负责。 ( )

5. ★ 他现在去北京仍然很不方便。 ( )

[독해]

6-10. 빈칸에 들어갈 알맞은 보기를 선택하세요.

> A 刚刚   B 幸福   C 熟悉   D 连   E 符合

6. 看着眼前的这本日记，她慢慢回忆起了年少时的
   (   )与烦恼。

7. 我俩是邻居，从小一起长大，互相都很(   )。

8. 对不起，您的专业不(   )我们的招聘要求。

9. A：你看见小李了吗？我的车钥匙还在他那里。
   B：他(   )离开这儿，应该还没走远。

10. A：下节的文化课你预习了吗？
    B：没有，昨天我太困了，(   )作业都没写就睡了。

[쓰기]

11. 제시된 사진과 단어로 문장을 만들어 보세요.

困

 빠른 정답

[듣기]　1 √　　2 X　　3 X　　4 √　　5 X

[듣기 지문]

1. 小张最大的优点就是冷静。无论遇到什么事，他都不急不乱。这对一个警察来说，是非常重要的。
　★ 小张做事很冷静。

2. 尽管来这儿已经快一个月了，可是由于平时太忙，他很少出去玩儿。所以对这儿的环境还不是特别熟悉。
　★ 他很熟悉周围环境。

3. 姐，咱们弄错方向了，去西边的公共汽车该在对面坐，正好前边有个天桥，我们从那儿过马路吧。
　★ 他们要坐地铁。

4. "开车不喝酒，喝酒不开车"，这不仅是一种对自己负责的态度，也是对他人生命的尊重。
　★ 酒后不开车是对自己负责。

5. 以前我去一趟北京要乘坐20多个小时的火车。现在交通方便了，坐高铁去北京大概7个小时就能到。
　★ 他现在去北京仍然很不方便。

[독해]　6 B　　7 C　　8 E　　9 A　　10 D

[쓰기]　[모범 답안]
① 他又困又累。
② 他昨天睡得不好，所以今天很困。

HSK 4급 미니 모의고사 2

[듣기]

🎧 TRACK 4-42

한 사람은 단문을 읽고, 다른 한 사람은 그 단문과 관련된 문장을 제시한다. 들려준 단문의 내용과 일치한지 판단한다.

1–5. 녹음 내용과 제시된 문장이 일치하면 √, 일치하지 않으면 X 표시하세요.

1. ★ 要学会管理时间。　　　　　　　　　（　　　）

2. ★ 应聘时态度要积极。　　　　　　　　（　　　）

3. ★ 弟弟考上了大学。　　　　　　　　　（　　　）

4. ★ 他联系上了小乐。　　　　　　　　　（　　　）

5. ★ 他每个月给爷爷写信。　　　　　　　（　　　）

[독해]

6–10. 빈칸에 들어갈 알맞은 보기를 선택하세요.

모든 문제는 1–2개의 문장으로 구성되어 있으며, 문장 가운데에는 하나의 빈칸이 있다. 선택 항목 중, 빈칸에 들어갈 알맞은 단어를 선택한다.

A 适应　　B 周围　　C 相反　　D 收拾　　E 敢

6. 真不（　　　）相信，她只用了4分05秒就跑完了1000米。

7. 我丈夫（　　　）不了这里冬天的气候。

8. 比赛结束了，结果和他猜的正好（　　　）。

9. A：不好意思，家里有点儿乱，还没来得及（　　　），
　　 你随便坐。

　　 B：没关系，我来附近办点儿事，顺便过来看看你。

10. A：你怎么一直低着头玩儿手机？

　　 B：周末有亲戚来看我，我想找找（　　　）有什么好玩儿
　　 的地方。

[쓰기]

11. 제시된 사진과 단어로 문장을 만들어 보세요.

护士

1-2급 · 3급 · 4급 · 플러스 단어장

TIP

주어진 사진과 제시 단어를 활용해 한 문장을 작문하는 형태로 동사, 형용사, 명사로 이루어진 문제가 가장 많이 출제된다.

 빠른 정답

[듣기] 1 √ 2 √ 3 √ 4 X 5 √

[듣기 지문]

1. 要想提高工作速度，首先要学会管理时间，先做什么，后做什么，都要计划好。
   ★ 要学会管理时间。

2. 没有任何经验就想找到一份合适的工作，确实不容易。但只要我们以积极的态度去应聘，就一定能获得更多的机会。
   ★ 应聘时态度要积极。

3. 弟弟平时成绩很一般，但没想到他竟然考上了一个很不错的大学。这个消息让我们一家人都非常开心。
   ★ 弟弟考上了大学。

4. 我和小乐下午一起去看电影，电影看了一半儿她突然就走了，到现在一直联系不上。我真担心她会出什么事。
   ★ 他联系上了小乐。

5. 爷爷的耳朵听不太清楚，所以我一般不给他打电话，而是每个月给他写信。
   ★ 他每个月给爷爷写信。

[독해] 6 E 7 A 8 C 9 D 10 B

[쓰기] [모범 답안]
   ① 她想当一名护士。
   ② 她从小想成为一名优秀的护士。

문장으로 끝내는
HSK
단어장

china.siwonschool.com

플러스 단어장

미리 맛보기

1급

W

喂	wéi	〔감탄〕 (전화상에서) 여보세요	41
我	wǒ	〔대〕 나, 저	16
我们	wǒmen	〔대〕 우리(들)	19
五	wǔ	〔수〕 5, 다섯	16

X

喜欢	xǐhuan	〔동〕 좋아하다	39
下	xià	〔명〕 아래, 밑, 다음, 나중	39
下午	xiàwǔ	〔명〕 오후	16
下雨	xiàyǔ	〔이합〕 비가 오다, 비가 내리다	38
先生	xiānsheng	〔명〕 선생, 씨(성인 남자에 대한 존칭)	27
现在	xiànzài	〔명〕 지금, 현재	18
想	xiǎng	〔조동〕 ~하고 싶다	18
小	xiǎo	〔형〕 (크기가) 작다, (나이가) 어리다	29
小姐	xiǎojiě	〔명〕 아가씨, ~양	38
些	xiē	〔양〕 약간, 조금	38
写	xiě	〔동〕 (글씨를) 쓰다	18
谢谢	xièxie	〔동〕 감사합니다, 고맙습니다	31
星期	xīngqī	〔명〕 요일, 주	16
学生	xuéshēng	〔명〕 학생	18
学习	xuéxí	〔명·동〕 공부(하다), 학습(하다)	16
学校	xuéxiào	〔명〕 학교	29

Y

一	yī	〔수〕 1, 하나	20
一点儿	yìdiǎnr	〔수량〕 조금, 약간	19
衣服	yīfu	〔명〕 옷	19
医生	yīshēng	〔명〕 의사	41
医院	yīyuàn	〔명〕 병원	29
椅子	yǐzi	〔명〕 의자	39
有	yǒu	〔동〕 있다	17
月	yuè	〔명〕 월, 달	16

Z

| 在 | zài | 〔동·전〕 ~에 있다, ~에(서) | 29 |
| 再见 | zàijiàn | 〔동〕 안녕히 가세요(계세요), 또 만나요 | 39 |

怎么	zěnme	〔대〕 왜, 어째서, 어떻게	30
怎么样	zěnmeyàng	〔대〕 어떻다, 어떠하다	20
这	zhè	〔대〕 이(것)	17
中国	Zhōngguó	〔고유〕 중국	16
中午	zhōngwǔ	〔명〕 정오	39
住	zhù	〔동〕 숙박하다, 살다, 거주하다	41
桌子	zhuōzi	〔명〕 탁자, 테이블	17
字	zì	〔명〕 글씨, 글자	18
昨天	zuótiān	〔명〕 어제	38
坐	zuò	〔동〕 (탈 것에) 타다, 앉다	19
做	zuò	〔동〕 하다, (문제를) 풀다	20

2급

B

吧	ba	조 제안·추측을 나타냄	19
白	bái	형 희다, 하얗다	40
百	bǎi	수 백	27
帮助	bāngzhù	동 돕다	31
报纸	bàozhǐ	명 신문	27
比	bǐ	전 ~보다	17
别	bié	부 ~하지 마라	40
宾馆	bīnguǎn	명 호텔	41

C

长	cháng	형 (시간이나 길이)가 길다	17
唱歌	chànggē	이합 노래를 부르다	31
出	chū	동 (안에서 밖으로) 나가다, 나오다	16
穿	chuān	동 (옷을) 입다	41
次	cì	양 번	39
从	cóng	전 ~로부터	30
错	cuò	형 틀리다, 맞지 않다	38

D

打篮球	dǎ lánqiú	농구를 하다	38
大家	dàjiā	대 모두	38
到	dào	동 도착하다, 도달하다	17
得	de	조 동사와 보어 사이에 쓰임	18
等	děng	동 기다리다	17
弟弟	dìdi	명 남동생	20
第一	dì-yī	수 제1, 첫 (번)째, 맨 처음	42
懂	dǒng	동 이해하다	30
对	duì	형 맞다, 옳다	41
对	duì	전 ~에게, ~에 대하여	40

F

房间	fángjiān	명 방	19
非常	fēicháng	부 매우, 아주	16
服务员	fúwùyuán	명 종업원	42

G

高	gāo	형 (키가) 크다, (높이가) 높다	17
告诉	gàosu	동 알리다, 말하다	42
哥哥	gēge	명 오빠, 형	16
给	gěi	전·동 ~에게, ~을 위해, 주다	19
公共汽车	gōnggòng qìchē	명 버스	40
公司	gōngsī	명 회사	16
贵	guì	형 (값이) 비싸다	41
过	guo	조 ~한 적이 있다	39

H

还	hái	부 아직(도), 여전히	31
孩子	háizi	명 아이, 자녀	31
好吃	hǎochī	형 맛있다	18
黑	hēi	형 검다, 까맣다	39
红	hóng	형 빨갛다, 붉다	39
火车站	huǒchēzhàn	명 기차역	16

J

机场	jīchǎng	명 공항, 비행장	28
鸡蛋	jīdàn	명 계란, 달걀	30
件	jiàn	양 옷이나 일을 세는 단위	19
教室	jiàoshì	명 교실	29
姐姐	jiějie	명 언니, 누나	31
介绍	jièshào	동 소개하다	42
近	jìn	형 가깝다	29
进	jìn	동 들어오다, 들어가다	29
就	jiù	부 바로, 곧	20
觉得	juéde	동 ~라고 생각하다, ~라고 여기다(느끼다)	40

K

咖啡	kāfēi	명 커피	18
开始	kāishǐ	동 시작하다	30
考试	kǎoshì	명·동 시험(하다)	42
可能	kěnéng	부 아마(도)	39
可以	kěyǐ	조동 ~할 수 있다, ~해도 된다	18

课	kè	몡 수업, 강의	40
快	kuài	혭뭅 빠르다, 빨리, 어서	27
快乐	kuàilè	혭 즐겁다, 유쾌하다	41

1-2급 3급 4급 플러스 단어장

A

阿姨	āyí	명 아주머니	60
啊	a	감탄 문장 끝에 쓰여 감탄을 나타냄	73
矮	ǎi	형 (키가) 작다, (높이가) 낮다	60
爱好	àihào	명 취미	60
安静	ānjìng	형 조용하다	60

B

把	bǎ	전 ~을(를)	62
班	bān	명 반	60
搬	bān	동 옮기다, 이사하다	61
办法	bànfǎ	명 방법	61
办公室	bàngōngshì	명 사무실	61
半	bàn	수 (절)반, 2분의 1	60
帮忙	bāngmáng	이합 돕다, 도와주다	61
包	bāo	동 싸다	62
饱	bǎo	형 배부르다	72
北方	běifāng	명 북방	62
被	bèi	전 ~에 의해 ~당하다	60
鼻子	bízi	명 코	63
比较	bǐjiào	동 비교하다	62
比赛	bǐsài	명·동 시합(하다)	62
笔记本	bǐjìběn	명 노트북, 노트북컴퓨터	63
必须	bìxū	부 반드시	63
变化	biànhuà	명·동 변화(하다)	62
别人	biérén	명 다른 사람	64
冰箱	bīngxiāng	명 냉장고	61
不但…而且…	búdàn…érqiě…	접 ~뿐만 아니라, 게다가 ~하다	64

C

菜单	càidān	명 메뉴	63
参加	cānjiā	동 참가하다	62
草	cǎo	명 풀	64
层	céng	양 층	71
差	chà	형·동 좋지 않다, 나쁘다, 부족하다	64
超市	chāoshì	명 슈퍼마켓	61

衬衫	chènshān	명 셔츠, 와이셔츠	63
成绩	chéngjì	명 성적	64
城市	chéngshì	명 도시	62
迟到	chídào	동 지각하다	71
除了	chúle	전 ~을 제외하고, ~외에	64
船	chuán	명 배, 선박	71
春	chūn	명 봄	61
词典	cídiǎn	명 사전	63
聪明	cōngmíng	형 똑똑하다, 총명하다	64

D

打扫	dǎsǎo	동 청소하다	60
打算	dǎsuàn	동 ~할 계획이다	72
带	dài	동 가지다, 지니다, 휴대하다	72
担心	dānxīn	동 걱정하다	64
蛋糕	dàngāo	명 케이크	74
当然	dāngrán	부 당연히	71
地	de	조 부사어와 그 수식을 받는 서술어를 연결하는 조사	71
灯	dēng	명 등	74
地方	dìfang	명 곳, 장소	64
地铁	dìtiě	명 지하철	72
地图	dìtú	명 지도	71
电梯	diàntī	명 엘리베이터	72
电子邮件	diànzǐ yóujiàn	명 이메일, 전자우편	72
东	dōng	명 동(쪽)	71
冬	dōng	명 겨울	61
动物	dòngwù	명 동물	73
短	duǎn	형 짧다	73
段	duàn	양 사물이나 시간 등의 한 구간을 나타냄	74
锻炼	duànliàn	동 운동하다, (몸과 마음을) 단련하다	74
多么	duōme	부 얼마나(의문이나 감탄에 쓰임)	73

E

饿	è	형 배고프다	72
耳朵	ěrduo	명 귀	73

F

发	fā	동 보내다	72
发烧	fāshāo	이합 열이 나다	73
发现	fāxiàn	명동 발견(하다)	62
方便	fāngbiàn	형 편리하다	72
放	fàng	동 두다, 놓다	74
放心	fàngxīn	이합 안심하다, 마음을 놓다	72
分	fēn	동 나누다, 분류하다	74
附近	fùjìn	형 근처, 부근	61
复习	fùxí	동 복습하다	73

G

干净	gānjìng	형 깨끗하다	60
感冒	gǎnmào	동 감기에 걸리다	73
感兴趣	gǎn xìngqù	흥미를 느끼다, 관심을 갖다	75
刚才	gāngcái	명 방금, 막	75
个子	gèzi	명 키	73
根据	gēnjù	전 ~에 따라, ~에 근거하여	71
跟	gēn	전접 ~와(과)	61
更	gèng	부 더, 더욱	74
公斤	gōngjīn	양 kg, 킬로그램	75
公园	gōngyuán	명 공원	62
故事	gùshi	명 이야기	83
刮风	guāfēng	이합 바람이 불다	75
关	guān	동 닫다	75
关系	guānxi	명 관계	75
关心	guānxīn	동 관심을 갖다, 관심을 기울이다	75
关于	guānyú	전 ~에 관해	82
国家	guójiā	명 국가, 나라	61
过	guò	동 지나다, 보내다	82
过去	guòqù	형 과거	64

H

还是	háishi	부 ~하는 편이 (더) 좋다, 여전히, 아직도	74
害怕	hàipà	동 무서워하다, 두려워하다	82
黑板	hēibǎn	명 칠판	83
后来	hòulái	명 후에, 그 뒤에, 그 다음에	82

护照	hùzhào	명 여권	84
花	huā	명 꽃	83
花	huā	동 (돈이나 시간을) 쓰다	63
画	huà	동 (그림을) 그리다	83
坏	huài	동형 고장 나다, 상하다, 나쁘다	74
欢迎	huānyíng	명동 환영(하다)	97
还	huán	동 반납하다, 돌려주다, 갚다	83
环境	huánjìng	명 환경	83
换	huàn	동 바꾸다, 교환하다	74
黄河	Huánghé	고유 황허, 황하	82
回答	huídá	명동 대답(하다)	82
会议	huìyì	명 회의	63
或者	huòzhě	접 혹은, 또는, ~이 아니면 ~이다	83

J

几乎	jīhū	부 거의	73
机会	jīhuì	명 기회	84
极	jí	부 몹시, 아주, 매우	93
记得	jìde	동 기억하고 있다	74
季节	jìjié	명 계절	61
检查	jiǎnchá	동 검사하다, 점검하다	84
简单	jiǎndān	형 간단하다, 단순하다	82
见面	jiànmiàn	이합 만나다	84
健康	jiànkāng	명형 건강(하다)	74
讲	jiǎng	동 강의하다, 설명하다, 이야기하다	73
教	jiāo	동 (~에게 ~을) 가르치다	84
角	jiǎo	형 (짐승의) 뿔	84
脚	jiǎo	형 발	63
接	jiē	동 마중하다, 맞이하다	97
街道	jiēdào	명 (길)거리	85
节目	jiémù	명 프로그램	60
节日	jiérì	명 명절, 기념일	85
结婚	jiéhūn	이합 결혼하다	75
结束	jiéshù	동 끝나다, 마치다	86
解决	jiějué	동 해결하다	85
借	jiè	동 빌리다, 빌려주다	85
经常	jīngcháng	부 자주, 늘, 종종	74
经过	jīngguò	동 (장소, 시간 동작 등을) 거치다, 지나다	83

经理	jīnglǐ	명 사장, 기업의 책임자	63
久	jiǔ	형 오래다, (시간이) 길다	84
旧	jiù	형 낡다, 오래 되다	86
句子	jùzi	명 문장	94
决定	juédìng	명·동 결정(하다)	86

K

可爱	kě'ài	형 귀엽다, 사랑스럽다	73
渴	kě	형 목 타다, 갈증이 나다	93
刻	kè	양 15분	96
客人	kèrén	명 손님	97
空调	kōngtiáo	명 에어컨	93
口	kǒu	명 입, 말	94
哭	kū	동 울다	93
裤子	kùzi	명 바지	63
筷子	kuàizi	명 젓가락	74

L

蓝	lán	형 남색의	97
老	lǎo	형 나이 먹다, 늙다	95
离开	líkāi	동 떠나다	94
礼物	lǐwù	명 선물	62
历史	lìshǐ	명 역사	93
脸	liǎn	명 얼굴	93
练习	liànxí	명·동 연습(하다)	94
辆	liàng	양 차량을 셀 때 쓰는 단위	86
聊天儿	liáotiānr	이합 이야기하다, 잡담을 하다	85
了解	liǎojiě	동 이해하다, 알다	93
邻居	línjū	명 이웃 사람, 이웃(집)	85
留学	liúxué	이합 유학하다	82
楼	lóu	명 건물, 층	71
绿	lǜ	형 초록의, 푸르다	95

M

马	mǎ	명 말	84
马上	mǎshàng	부 곧, 즉시	95
满意	mǎnyì	형·동 만족하다	95
帽子	màozi	명 모자	95
米	mǐ	명 쌀	97

面包	miànbāo	명 빵	97
明白	míngbai	동 이해하다, 알다	96

N

拿	ná	동 잡다, 쥐다, 가지다	63
奶奶	nǎinai	명 할머니	72
南	nán	명 남(쪽)	94
难	nán	형 어렵다	93
难过	nánguò	형 괴롭다, 슬프다	93
年级	niánjí	명 학년	96
年轻	niánqīng	형 젊다	71
鸟	niǎo	명 새	84
努力	nǔlì	명·동·형 노력(하다)	71

P

爬山	páshān	이합 등산하다, 산에 올라가다	64
盘子	pánzi	명 쟁반, 접시	86
胖	pàng	형 뚱뚱하다	60
皮鞋	píxié	명 가죽 구두	94
啤酒	píjiǔ	명 맥주	61
瓶子	píngzi	형 병	97

Q

其实	qíshí	부 사실은	96
其他	qítā	대 기타, 그 외	85
奇怪	qíguài	형 이상하다	97
骑	qí	동 (말, 자전거, 오토바이 등을) 타다	83
起飞	qǐfēi	동 (비행기가) 이륙하다	95
起来	qǐlái	동 일어나다, 일어서다	71
清楚	qīngchu	형 분명하다, 뚜렷하다	93
请假	qǐngjià	이합 (조퇴·결근·외출·휴가 등을) 신청하다, 허가를 받다	96
秋	qiū	명 가을	61
裙子	qúnzi	명 치마, 스커트	73

R

然后	ránhòu	접 그런 다음, 그런 후에	93
热情	rèqíng	형 마음이 따뜻하다, 친절하다	97

认为	rènwéi	통 생각하다, 여기다	64
认真	rènzhēn	형 진지하다, 성실하다	63
容易	róngyì	형 쉽다	96
如果	rúguǒ	접 만약 ~라면(주로 '就'와 호응)	72

伞	sǎn	명 우산	83
上网	shàngwǎng	이합 인터넷에 접속하다	83
生气	shēngqì	이합 화내다	82
声音	shēngyīn	명 (목)소리	83
世界	shìjiè	명 세계	75
试	shì	통 시도하다, 시험 삼아 해 보다	85
瘦	shòu	형 마르다, 여위다	64
叔叔	shūshu	명 삼촌, 아저씨	60
舒服	shūfu	형 (신체나 정신이) 편안하다	96
树	shù	명 나무	95
数学	shùxué	명 수학	62
刷牙	shuāyá	이합 이를 닦다	93
双	shuāng	양 켤레, 쌍	94
水平	shuǐpíng	명 수준	64
司机	sījī	명 운전기사, 조종사	97

太阳	tàiyáng	명 태양	97
特别	tèbié	부형 아주, 특히, 특별하다	72
疼	téng	형 아프다	96
提高	tígāo	통 향상시키다, 높이다	86
体育	tǐyù	명 체육	96
甜	tián	형 (맛이) 달다	93
条	tiáo	양 가늘고 긴 것을 세는 단위	73
同事	tóngshì	명 동료, 동업자	72
同意	tóngyì	명동 동의(하다)	84
头发	tóufa	명 머리카락	94
突然	tūrán	부 갑자기	74
图书馆	túshūguǎn	명 도서관	83
腿	tuǐ	명 다리	63

完成	wánchéng	통 끝내다, 완성하다	60
碗	wǎn	명 그릇, 사발	74
万	wàn	수 만	97
忘记	wàngjì	통 잊어버리다	72
为	wèi	전 ~을 위해서, ~에게	74
为了	wèile	전 ~을 위하여	86
位	wèi	양 존칭으로 사람을 세는 단위	97
文化	wénhuà	명 문화	75

西	xī	형 서(쪽)	97
习惯	xíguàn	통 익숙해지다, 습관이 되다	86
洗手间	xǐshǒujiān	명 화장실	95
洗澡	xǐzǎo	이합 샤워하다, 목욕하다	94
夏	xià	명 여름	61
先	xiān	부 먼저, 우선	93
相信	xiāngxìn	통 믿다	96
香蕉	xiāngjiāo	명 바나나	60
向	xiàng	전 ~을 향해, ~에게	71
像	xiàng	동부 닮다, 비슷하다, 마치 ~와 같다	71
小心	xiǎoxīn	통 조심하다, 주의하다	86
校长	xiàozhǎng	명 교장	61
新闻	xīnwén	명 뉴스	60
新鲜	xīnxiān	형 신선하다	72
信用卡	xìnyòngkǎ	명 신용카드	86
行李箱	xínglixiāng	명 트렁크, 여행용 가방	62
熊猫	xióngmāo	명 판다	73
需要	xūyào	조동 ~해야 한다 통 필요로 하다	85
选择	xuǎnzé	명동 선택(하다)	64

要求	yāoqiú	명동 요구(하다)	94
爷爷	yéye	명 할아버지	75
一般	yìbān	부형 일반적으로, 일반적이다	83
一边	yìbiān	~하면서 ~하다	84
一定	yídìng	부 반드시	61

1-2급 3급 4급 플러스 단어장

A

爱情	àiqíng	명 사랑, 애정	165
安排	ānpái	동 마련하다, 안배하다, 배치하다	176
安全	ānquán	명·형 안전(하다)	110
按时	ànshí	부 제때에, 제시간에, 규정된 시간대로	111
按照	ànzhào	전 ~에 따라, ~에 비추어	180

B

百分之	bǎi fēn zhī	퍼센트(%)	111
棒	bàng	형 멋지다, 뛰어나다, 훌륭하다	111
包子	bāozi	명 (소가 든) 찐빵, 빠오즈	176
保护	bǎohù	명·동 보호(하다)	145
保证	bǎozhèng	동 약속하다, 보증하다	111
报名	bàomíng	이합 등록하다, 신청하다, 지원하다	122
抱	bào	동 안다, 포옹하다	125
抱歉	bàoqiàn	형 미안하게 생각하다, 미안해하다	113
倍	bèi	양 배, 배수	112
本来	běnlái	부 본래, 원래	113
笨	bèn	형 멍청하다, 어리석다	113
比如	bǐrú	동 예를 들어, 예컨대	176
毕业	bìyè	명·동 졸업(하다)	133
遍	biàn	양 번, 회	112
标准	biāozhǔn	형 표준적이다	112
表格	biǎogé	명 표, 양식, 서식	114
表示	biǎoshì	동 (생각·감정·태도 등을) 나타내다	114
表演	biǎoyǎn	명·동 공연(하다),연기(하다)	111
表扬	biǎoyáng	동 칭찬하다	110
饼干	bǐnggān	명 과자, 비스킷	157
并且	bìngqiě	접 또한, 더욱이	144
博士	bóshì	명 박사	168
不得不	bùdébù	부 어쩔 수 없이, 부득이하게	121
不管	bùguǎn	접 ~에 관계없이, ~을 막론하고	158
不过	búguò	접 그러나	166
不仅	bùjǐn	접 ~일 뿐만 아니라	121
部分	bùfen	명 부분, 일부	121

C

擦	cā	동 닦다, 비비다, 문지르다	121
猜	cāi	동 추측하다, 알아맞히다	123
材料	cáiliào	명 자료, 재료	133
参观	cānguān	동 참관하다, 견학하다	111
餐厅	cāntīng	명 식당	157
厕所	cèsuǒ	명 변소	122
差不多	chàbuduō	부 거의, 대체로	123
长城	Chángchéng	고유 만리장성	111
长江	Chángjiāng	고유 창장, 장강, 양쯔강	123
尝	cháng	동 맛보다	176
场	chǎng	양 (문예·오락·체육 활동에서) 회, 번, 차례	166
超过	chāoguò	동 넘다, 초과하다	132
成功	chénggōng	명·동·형 성공(하다), 성공(적이다)	111
成为	chéngwéi	동 ~이 되다	112
诚实	chéngshí	형 성실하다	110
乘坐	chéngzuò	동 탑승하다, (탈 것에) 타다	113
吃惊	chījīng	이합 놀라다	132
重新	chóngxīn	부 처음부터, 다시, 새로	124
抽烟	chōuyān	이합 담배를 피우다	179
出差	chūchāi	이합 출장하다	155
出发	chūfā	동 출발하다	155
出生	chūshēng	동 태어나다, 출생하다	169
出现	chūxiàn	동 나타나다, 출현하다	124
厨房	chúfáng	명 주방, 부엌	125
传真	chuánzhēn	명 팩시밀리	132
窗户	chuānghu	명 창문	146
词语	cíyǔ	명 단어	123
从来	cónglái	부 지금까지, 여태껏	136
粗心	cūxīn	형 부주의하다, 세심하지 못하다	135
存	cún	동 모으다, 저축하다	134
错误	cuòwù	형 잘못, 실수	144

D

答案	dá'àn	몡 답(안)	123
打扮	dǎban	동 꾸미다, 화장하다	112
打扰	dǎrǎo	동 폐를 끼치다, 방해하다	144
打印	dǎyìn	동 프린트하다	178
打招呼	dǎ zhāohu	(가볍게) 인사하다	136
打折	dǎzhé	이합 할인하다, 디스카운트하다	134
打针	dǎzhēn	이합 주사를 맞다, 주사를 놓다	166
大概	dàgài	부 대략, 대충	155
大使馆	dàshǐguǎn	몡 대사관	114
大约	dàyuē	부 대략, 대강	156
大夫	dàifu	몡 의사	121
戴	dài	동 (머리, 얼굴, 가슴, 팔, 손 등에) 쓰다, 착용하다	121
当	dāng	동 ~이 되다	132
当时	dāngshí	몡 당시, 그 때	158
刀(子)	dāo(zi)	몡 칼	177
导游	dǎoyóu	몡 가이드, 관광 안내원	132
到处	dàochù	부 도처에, 곳곳에	132
到底	dàodǐ	부 도대체	110
倒	dào	동 거꾸로 되다, 뒤집(히)다	134
道歉	dàoqiàn	이합 사과하다	157
得意	déyì	형 의기양양하다	122
得	dé / děi	동 얻다, 획득하다, 조동 ~해야 한다	146
登机牌	dēngjīpái	몡 탑승권	135
等	děng	조 등, 따위	114
低	dī	형 낮다	134
底	dǐ	몡 말(末), 끝	187
地点	dìdiǎn	몡 장소, 지점	189
地球	dìqiú	몡 지구	145
地址	dìzhǐ	몡 주소	178
调查	diàochá	몡·동 조사(하다)	134
掉	diào	동 (아래로) 떨어뜨리다, 떨어지다	133
丢	diū	동 잃다, 잃어버리다	135
动作	dòngzuò	몡 행동, 동작	188
堵车	dǔchē	이합 차가 막히다	133
肚子	dùzi	몡 배	121
短信	duǎnxìn	몡 문자 메시지	133

对话	duìhuà	몡·동 대화(하다)	135
对面	duìmiàn	몡 맞은편, 반대편	157
对于	duìyú	전 ~에 대해(대상을 나타냄)	144

E

| 儿童 | értóng | 몡 아동, 어린이 | 144 |
| 而 | ér | 접 상황에 따라 순접(그래서)과 역접(그러나)을 모두 나타낼 수 있음 | 136 |

F

发生	fāshēng	동 발생하다, 생기다	123
发展	fāzhǎn	몡·동 발전(하다), 발전(시키다)	143
法律	fǎlǜ	몡 법률	114
翻译	fānyì	동 번역하다, 통역하다	178
烦恼	fánnǎo	몡·동 걱정(하다)	166
反对	fǎnduì	몡·동 반대(하다)	143
方法	fāngfǎ	몡 방법	143
方面	fāngmiàn	몡 방면	134
方向	fāngxiàng	몡 방향	125
房东	fángdōng	몡 집주인	145
放弃	fàngqì	동 포기하다	133
放暑假	fàng shǔjià	여름방학을 하다	121
放松	fàngsōng	동 긴장을 풀다, 늦추다, 느슨하게 하다	146
份	fèn	양 문서, 서류를 세는 단위	144
丰富	fēngfù	형 풍부하다	158
否则	fǒuzé	접 만약 그렇지 않으면	189
符合	fúhé	동 부합하다	145
父亲	fùqīn	몡 아버지, 부친	110
付款	fùkuǎn	이합 돈을 지불하다	144
负责	fùzé	동 책임지다	136
复印	fùyìn	동 복사하다	133
复杂	fùzá	형 복잡하다	134
富	fù	형 부유하다, 재산이 많다, 잘살다	114

G

| 改变 | gǎibiàn | 동 바꾸다, 변하다 | 143 |

干杯　gānbēi　이합 건배하다　154

赶　gǎn　동 (교통수단을 시간에 맞추어 따라잡아) 타다, (시간에) 맞추다　132

敢　gǎn　조동 용감하게 하다, 대담하게 하다　176

感动　gǎndòng　동 감동하다, 감동시키다　145

感觉　gǎnjué　동 느끼다, 여기다　114

感情　gǎnqíng　명 애정, 감정　124

感谢　gǎnxiè　동 감사하다　158

干　gàn　동 하다　154

刚(刚)　gāng(gāng)　부 막, 방금　133

高速公路　gāosù gōnglù　명 고속도로　135

胳膊　gēbo　명 팔　146

各　gè　대 여러, 각자, 각기, 각각　169

工资　gōngzī　명 월급, 임금　132

公里　gōnglǐ　양 킬로미터(km)　135

功夫　gōngfu　명 (투자한) 시간　136

共同　gòngtóng　형 공통의, 공동의　124

购物　gòuwù　동 쇼핑하다　132

够　gòu　부 꽤, 충분히　134

估计　gūjì　동 예측하다　132

鼓励　gǔlì　명·동 격려(하다)　154

故意　gùyì　부 고의로, 일부러　124

顾客　gùkè　명 고객　157

挂　guà　동 (고리, 못 등에) 걸다　147

关键　guānjiàn　명 매우 중요한　144

观众　guānzhòng　명 관중, 시청자　166

管理　guǎnlǐ　명·동 관리(하다)　157

光　guāng　명 빛, 광선　143

广播　guǎngbō　명 라디오 방송　191

广告　guǎnggào　명 광고, 선전　156

逛　guàng　동 한가롭게 거닐다, 돌아보며 구경하다　167

规定　guīdìng　명·동 규정(하다)　189

国籍　guójí　명 국적　110

国际　guójì　명 국제　154

果汁　guǒzhī　명 과일 주스　157

过程　guòchéng　명 과정　136

H

海洋　hǎiyáng　명 해양, 바다　122

害羞　hàixiū　이합 부끄러워하다, 수줍어하다　176

寒假　hánjià　명 겨울 방학　124

汗　hàn　명 땀　111

航班　hángbān　명 (비행기나 배의) 항공편, 운항편　113

好处　hǎochù　명 좋은 점, 장점　147

好像　hǎoxiàng　부 마치 (~과 같다)　113

号码　hàomǎ　명 번호　110

合格　hégé　동 합격하다　147

合适　héshì　형 알맞다, 적당하다, 적합하다　113

盒子　hézi　작 작은 상자　177

后悔　hòuhuǐ　동 후회하다　165

厚　hòu　형 두껍다　146

互联网　hùliánwǎng　명 인터넷　143

互相　hùxiāng　부 서로　123

护士　hùshi　명 간호사　158

怀疑　huáiyí　동 의심하다　123

回忆　huíyì　명·동 추억(하다), 회상(하다)　124

活动　huódòng　명 활동, 행사　121

活泼　huópō　형 활발하다　124

火　huǒ　명 불　114

获得　huòdé　동 얻다, 획득하다　154

J

积极　jījí　형 적극적이다, 긍정적이다　134

积累　jīlěi　동 쌓다, 쌓이다, 누적하다　124

基础　jīchǔ　명 기초　146

激动　jīdòng　형 감동하다, 감격하다, 흥분하다　166

及时　jíshí　부 제때에, 적시에　180

即使　jíshǐ　이합 설령 ~일지라도　113

计划　jìhuà　명·동 계획(하다)　168

记者　jìzhě　형 기자　155

技术　jìshù　명 기술　136

既然　jìrán　접 기왕 그렇게 된 이상, 이미 이렇게 된 바에야　111

继续　jìxù　동 계속하다　168

寄　jì　동 (우편으로) 부치다　122

加班　jiābān　이합 초과 근무하다, 잔업하다　156

普遍	pǔbiàn	형 보편적이다	136	森林	sēnlín	명 숲, 삼림	110
普通话	pǔtōnghuà	형 표준어	112	沙发	shāfā	명 소파	121

Q

其次	qícì	대 다음, 그 다음	188
其中	qízhōng	명 그 중	155
气候	qìhòu	명 기후	122
千万	qiānwàn	부 절대, 제발, 부디	190
签证	qiānzhèng	명 비자	114
敲	qiāo	동 두드리다, 치다	166
桥	qiáo	명 다리, 교량	190
巧克力	qiǎokèlì	명 초콜릿	167
亲戚	qīnqi	명 친척	179
轻	qīng	형 (정도가) 약하다	176
轻松	qīngsōng	형 (기분이) 홀가분하다, 편안하다, (일 등이) 수월하다, 가볍다	166
情况	qíngkuàng	명 상황	156
穷	qióng	형 가난하다	145
区别	qūbié	명 차이, 다름	155
取	qǔ	동 찾다, 찾아 가지다	191
全部	quánbù	명형 전부(의)	147
缺点	quēdiǎn	명 단점, 결점	165
缺少	quēshǎo	동 부족하다, 모자라다	155
却	què	부 오히려, 그러나	112
确实	quèshí	부 정말로, 확실히	113

R

然而	rán'ér	접 그러나	168
热闹	rènao	형 떠들썩하다, 번화하다, 왁자지껄하다	176
任何	rènhé	대 어떠한 ~라도	143
任务	rènwù	명 임무	114
扔	rēng	동 버리다, 던지다	114
仍然	réngrán	부 여전히, 아직도	166
日记	rìjì	명 일기	187
入口	rùkǒu	명 입구	125

S

散步	sànbù	이합 산책하다, 산보하다	158

伤心	shāngxīn	이합 상심하다, 슬퍼하다	154
商量	shāngliang	동 상의하다	156
稍微	shāowēi	부 조금, 약간	168
勺子	sháozi	명 숟가락, 국자	179
社会	shèhuì	명 사회	167
申请	shēnqǐng	동 신청하다	114
深	shēn	형 (물이) 깊다, (색이) 짙다	178
甚至	shènzhì	부접 심지어	145
生活	shēnghuó	명동 생활(하다)	110
生命	shēngmìng	명 생명	112
生意	shēngyi	명 장사, 영업	165
省	shěng	동 아끼다, 절약하다, 줄이다	190
剩	shèng	동 남다	123
失败	shībài	명동 실패(하다)	167
失望	shīwàng	동 실망하다	113
师傅	shīfu	명 기술, 기능을 가진 사람에 대한 존칭	136
十分	shífēn	부 매우, 대단히	134
实际	shíjì	명형 실제(적이다)	156
实在	shízài	부 정말, 진정, 참으로	111
使	shǐ	동 ~로 하여금 ~하게 하다	114
使用	shǐyòng	동 사용하다, 쓰다	144
世纪	shìjì	명 세기	136
是否	shìfǒu	부 ~인지 아닌지	156
适合	shìhé	동 적합하다, 알맞다	179
适应	shìyìng	동 적응하다	110
收	shōu	동 (물건을) 받다	143
收入	shōurù	명 수입	156
收拾	shōushi	동 치우다, 정리하다	125
首都	shǒudū	명 수도	187
首先	shǒuxiān	대 첫째, 맨 먼저, 우선	188
受不了	shòubuliǎo	견딜 수 없다, 참을 수 없다	122
受到	shòudào	동 받다	143
售货员	shòuhuòyuán	명 점원, 판매원	156
输	shū	동 지다	113
熟悉	shúxī	형 충분히 알다, 상세히 알다	180
数量	shùliàng	명 수량	165
数字	shùzì	명 숫자	191

帅	shuài	형 잘생기다, 멋지다	188
顺便	shùnbiàn	부 겸사겸사, ~하는 김에	125
顺利	shùnlì	형 순조롭다	165
顺序	shùnxù	명 순서	180
说明	shuōmíng	명·동 설명(하다)	134
硕士	shuòshì	명 석사	168
死	sǐ	동 죽다	155
速度	sùdù	명 속도	180
塑料袋	sùliàodài	명 비닐봉지	166
酸	suān	형 (맛이나 냄새가) 시다	180
随便	suíbiàn	부 마음대로, 제멋대로, 함부로	168
随着	suízhe	전 ~에 따라	136
孙子	sūnzi	명 손자	176
所有	suǒyǒu	형 모든, 전부의	113

T

抬	tái	동 들다	146
台	tái	명·양 무대, 대(기계, 설비, 가전 등을 세는 단위)	156
态度	tàidù	명 태도	158
谈	tán	동 이야기하다, 말하다, 토론하다	177
弹钢琴	tán gāngqín	피아노를 치다	133
趟	tàng	양 번, 차례	133
糖	táng	명 설탕, 사탕	155
躺	tǎng	동 눕다, 드러눕다	169
汤	tāng	형 국, 탕	179
讨论	tǎolùn	명·동 토론(하다)	167
讨厌	tǎoyàn	동 싫어하다, 미워하다	156
特点	tèdiǎn	명 특징	169
提	tí	동 들다, 들어올리다	166
填空	tiánkòng	이합 빈칸에 써넣다	187
条件	tiáojiàn	명 조건	145
提供	tígōng	동 제공하다	157
停	tíng	동 멈추다, 정지하다	178
挺	tǐng	부 아주, 매우, 대단히	113
提前	tíqián	동 (예정된 시간이나 기한을) 앞당기다	122
提醒	tíxǐng	동 일깨우다, 주의를 환기시키다	177
通过	tōngguò	전·동 ~을 통해, (시험 등을) 통과하다	135

同情	tóngqíng	명·동 동정(하다)	188
同时	tóngshí	부 동시에	177
通知	tōngzhī	명·동 통지(하다)	189
推	tuī	동 밀다	166
推迟	tuīchí	동 미루다, 연기하다	178
脱	tuō	동 벗다	154

W

袜子	wàzi	명 양말	154
完全	wánquán	부 완전히, 전적으로	123
网球	wǎngqiú	명 테니스(공)	113
网站	wǎngzhàn	명 (인터넷) 사이트	180
往往	wǎngwǎng	부 종종, 자주	178
危险	wēixiǎn	명·형 위험(하다)	110
卫生间	wèishēngjiān	명 화장실	122
味道	wèidao	명 맛	168
温度	wēndù	명 온도	168
文章	wénzhāng	명 글	112
污染	wūrǎn	동 오염시키다, 오염되다	179
无	wú	동 없다	155
无聊	wúliáo	형 지루하다, 무료하다, 따분하다	187
无论	wúlùn	접 ~에 관계없이, ~에 막론하고	177
误会	wùhuì	명·동 오해(하다)	154

X

西红柿	xīhóngshì	명 토마토	180
吸引	xīyǐn	동 끌다, 유인하다, 매료시키다, 사로잡다	157
咸	xián	형 (맛이) 짜다	135
现金	xiànjīn	명 현금	144
羡慕	xiànmù	동 부러워하	165
相反	xiāngfǎn	동 상반되다, 반대되다	123
相同	xiāngtóng	형 서로 같다, 똑같다	122
香	xiāng	형 향기롭다	190
详细	xiángxì	형 상세하다	132
响	xiǎng	동 울리다, 소리를 내다, 소리가 나다	135
橡皮	xiàngpí	명 지우개	177
消息	xiāoxi	명 소식	132

HSK 4급 플러스 단어장 **221**

小吃	xiǎochī	몡 간식, 간단한 음식	190
小伙子	xiǎohuǒzi	몡 젊은이, 총각	124
小说	xiǎoshuō	몡 소설	123
笑话	xiàohua	동 조롱하다, 비웃다	113
效果	xiàoguǒ	몡 효과	187
心情	xīnqíng	몡 기분, 심정, 마음	188
辛苦	xīnkǔ	동 고생하다	147
信封	xìnfēng	몡 편지 봉투	122
信息	xìnxī	몡 메시지, 정보	168
信心	xìnxīn	몡 자신	177
兴奋	xīngfèn	동 흥분하다, 감격하다, 감동하다	176
行	xíng	톙 좋다, 괜찮다	177
醒	xǐng	동 깨다	125
幸福	xìngfú	명형 행복(하다)	147
性别	xìngbié	몡 성별	188
性格	xìnggé	몡 성격	124
修理	xiūlǐ	동 수리하다, 고치다	136
许多	xǔduō	톙 많은	158
学期	xuéqī	몡 학기	111

Y

压力	yālì	몡 스트레스	114
牙膏	yágāo	몡 치약	190
亚洲	Yàzhōu	고유 아시아주	168
呀	ya	조 의문, 감탄의 어기를 강조함	113
严格	yángé	톙 엄격하다	189
严重	yánzhòng	톙 심각하다	124
研究	yánjiū	명동 연구(하다)	146
盐	yán	몡 소금	135
眼镜	yǎnjìng	몡 안경	121
演出	yǎnchū	명동 공연(하다)	166
演员	yǎnyuán	몡 연기자, 배우	111
阳光	yángguāng	몡 햇빛	143
养成	yǎngchéng	동 (습관을) 기르다	189
样子	yàngzi	몡 모습, 모양	122
邀请	yāoqǐng	명동 초대(하다), 초청(하다)	169
要是	yàoshi	접 만약 ~라면	177
钥匙	yàoshi	몡 열쇠	189
也许	yěxǔ	뷔 아마도, 어쩌면	189

叶子	yèzi	몡 잎	134
页	yè	양 페이지, 쪽	123
一切	yíqiè	때 모든, 일체	136
以	yǐ	전접 ~(함으)로써, ~으로	180
以为	yǐwéi	동 (잘못) 생각하다, 착각하다	136
艺术	yìshù	명형 예술(적이다)	187
意见	yìjiàn	몡 의견, 불만	143
因此	yīncǐ	접 그래서, 따라서	177
引起	yǐnqǐ	동 일으키다, 야기하다	154
印象	yìnxiàng	몡 인상	190
赢	yíng	동 이기다	154
应聘	yìngpìn	동 지원하다, 응시하다	180
永远	yǒngyuǎn	뷔 영원히, 언제까지나	125
勇敢	yǒnggǎn	톙 용감하다	145
优点	yōudiǎn	몡 장점	165
优秀	yōuxiù	톙 우수하다	178
幽默	yōumò	톙 유머러스하다, 유머가 있다	189
尤其	yóuqí	뷔 특히, 더욱	191
由	yóu	전 ~가, ~이(동작의 주체 강조)	136
由于	yóuyú	전접 ~때문에	134
邮局	yóujú	몡 우체국	122
友好	yǒuhǎo	톙 우호적이다	158
友谊	yǒuyì	몡 우정	191
有趣	yǒuqù	톙 재미있다	167
于是	yúshì	접 그래서	157
愉快	yúkuài	톙 유쾌하다, 기분이 좋다	189
与	yǔ	전접 ~와(과)	180
羽毛球	yǔmáoqiú	몡 배드민턴(공)	154
语法	yǔfǎ	몡 어법, 문법	134
语言	yǔyán	몡 언어	143
预习	yùxí	명동 예습(하다)	188
原来	yuánlái	뷔 알고 보니	179
原谅	yuánliàng	동 용서하다	157
原因	yuányīn	몡 원인	110
约会	yuēhuì	이합 데이트를 하다, 만날 약속을 하다	143
阅读	yuèdú	동 읽다	134
云	yún	몡 구름	168
允许	yǔnxǔ	동 허락하다, 허가하다	191

A

哎	āi	캅탄 어, 야(놀람, 불만을 나타냄)
唉	āi	캅탄 (애석함·안타까움을 나타내어) 에이, 나 원
爱护	àihù	통 잘 보살피다, 사랑하고 보호하다
爱惜	àixī	통 아끼다, 소중히 여기다
爱心	àixīn	명 (인간이나 환경에 대한) 관심과 사랑
安慰	ānwèi	동형 위로하다, 위로가 되다
安装	ānzhuāng	통 (기계·기자재 등을) 설치하다
岸	àn	명 해안, 기슭
暗	àn	형 어둡다
熬夜	áoyè	통 밤새다, 철야하다

B

把握	bǎwò	통 파악하다, 장악하다
摆	bǎi	통 놓다, 벌여 놓다
办理	bànlǐ	통 처리하다, 취급하다
傍晚	bàngwǎn	명 저녁 무렵
包裹	bāoguǒ	명동 소포, 싸다, 포장하다
包含	bāohán	통 포함하다, 내포하다
包括	bāokuò	통 포함하다, 포괄하다
薄	báo	형 얇다
宝贝	bǎobèi	명 보물, 보배, 귀염둥이
宝贵	bǎoguì	동형 소중히 여기다, 진귀한, 소중한
保持	bǎochí	통 (지속적으로) 유지하다, 지키다
保存	bǎocún	통 보존하다, 간직하다
保留	bǎoliú	통 보류하다, 남겨두다
保险	bǎoxiǎn	명 보험
报到	bàodào	통 도착함을 보고하다
报道	bàodào	명동 보도(하다)
报告	bàogào	명동 보고서, 보고하다
报社	bàoshè	명 신문사
抱怨	bàoyuàn	통 원망하다
悲观	bēiguān	형 비관적이다, 비관하다
背	bèi	통 외우다, 암기하다
背景	bèijǐng	명 배경
被子	bèizi	명 이불

本科	běnkē	명 (대학교의) 학부, 본과
本领	běnlǐng	명 기량, 능력, 재능
本质	běnzhì	명 본질, 본성
比例	bǐlì	명 비례, 비율
彼此	bǐcǐ	대 피차, 상호, 서로
必然	bìrán	형부 필연적이다, 꼭, 반드시
必要	bìyào	명형 필요(성), 필요로 하다
毕竟	bìjìng	부 결국, 필경, 끝내
避免	bìmiǎn	통 피하다, 모면하다
编辑	biānjí	명동 편집자, 편집인, 편집하다
鞭炮	biānpào	명 폭죽의 총칭
便	biàn	형부 편리하다, 편하다, 곧, 바로
辩论	biànlùn	명동 변론(하다), 논쟁(하다)
标点	biāodiǎn	명동 구두점(을 찍다)
标志	biāozhì	명동 표지, 상징(하다), 명시하다
表达	biǎodá	통 (자신의 생각·감정) 표현하다, 나타내다
表面	biǎomiàn	명 표면, 외관, 외재적인 현상
表明	biǎomíng	통 분명하게 밝히다, 표명하다
表情	biǎoqíng	명 표정
表现	biǎoxiàn	명동 태도, 품행, 나타내다, 표현하다
冰激凌	bīngjīlíng	명 아이스크림
病毒	bìngdú	명 병균, 바이러스
玻璃	bōli	명 유리
播放	bōfàng	통 방송하다, 방영하다
脖子	bózi	명 목
博物馆	bówùguǎn	명 박물관
补充	bǔchōng	통 추가하다, 보충하다
不安	bù'ān	형 불안하다
不得了	bùdéliǎo	형 (정도가) 심하다, 큰일났다
不断	búduàn	부 계속해서, 끊임없이
不见得	bújiànde	부 꼭 ~인 것은 아니다
不耐烦	búnàifán	형 성가시다, 귀찮다
不然	bùrán	접 그렇지 않으면, 아니면
不如	bùrú	통 ~만 못하다, ~하는 편이 낫다
不要紧	búyàojǐn	형 괜찮다, 문제없다
不足	bùzú	형 부족하다, 모자라다
布	bù	명 천, 옷감
部门	bùmén	명 부서, 부문
步骤	bùzhòu	명 (일이 진행되는) 순서, 절차, 차례

财产	cáichǎn	명 (금전·물자·가옥 등의) 재산
采访	cǎifǎng	동 탐방하다, 인터뷰하다, 취재하다
采取	cǎiqǔ	동 채택하다, 취하다
彩虹	cǎihóng	명 무지개
踩	cǎi	동 (발로) 밟다
参考	cānkǎo	동 참고하다, 참조하다
参与	cānyù	동 참여하다, 참가하다
惭愧	cánkuì	형 부끄럽다, 창피하다
操场	cāochǎng	명 운동장
操心	cāoxīn	동 마음을 쓰다, 신경을 쓰다
册	cè	양 권, 책(책을 세는 단위)
测验	cèyàn	명동 시험(하다), 테스트(하다)
曾经	céngjīng	부 일찍이, 이전에
叉子	chāzi	명 포크
差距	chājù	명 격차, 차이
插	chā	동 끼우다, 꽂다, 삽입하다
拆	chāi	동 (붙어 있는 것을) 뜯다, 떼다, 해체하다
产品	chǎnpǐn	명 생산품, 제품
产生	chǎnshēng	동 생기다, 발생하다
长途	chángtú	명형 장거리(의)
常识	chángshí	명 상식, 일반 지식
抄	chāo	동 베끼다, 베껴 쓰다
超级	chāojí	형 최상급의, 뛰어난
朝	cháo	전 ~를 향하여, ~쪽으로
潮湿	cháoshī	형 습하다, 축축하다
吵	chǎo	동 시끄럽다, 떠들썩하다
吵架	chǎojià	동 입씨름하다, 다투다
炒	chǎo	동 볶다
车库	chēkù	명 차고
车厢	chēxiāng	명 객실, 트렁크
彻底	chèdǐ	형부 철저히 (하다)
沉默	chénmò	동형 침묵하다, 과묵하다, 말이 적다
趁	chèn	전 ~를 틈타, ~을 이용하여
称	chēng	동 부르다, 칭하다
称呼	chēnghu	명동 호칭, ~라고 부르다
称赞	chēngzàn	동 칭찬하다, 찬양하다
成分	chéngfèn	명 (구성) 성분, 요소
成果	chéngguǒ	명 성과, 결과
成就	chéngjiù	명동 (사업상의) 성취, 성과, 이루다
成立	chénglì	동 (조직·기구 등을) 창립하다, 결성하다
成人	chéngrén	명 성인, 어른
成熟	chéngshú	형 성숙하다, 숙련되다
成语	chéngyǔ	명 성어
成长	chéngzhǎng	동 성장하다, 자라다
诚恳	chéngkěn	형 (태도가) 진실하다, 간절하다
承担	chéngdān	동 맡다, 담당하다
承认	chéngrèn	동 승인하다, 인정하다
承受	chéngshòu	동 받아들이다, 감당하다
程度	chéngdù	명 정도
程序	chéngxù	명 순서, 절차
吃亏	chīkuī	동 손해를 보다, 손실을 입다
池塘	chítáng	명 (비교적 작고 얕은) 못
迟早	chízǎo	부 조만간
持续	chíxù	동 지속하다
尺子	chǐzi	명 자
翅膀	chìbǎng	명 날개
冲	chōng	동 (물로) 씻어 내다, 돌진하다
充电器	chōngdiànqì	명 충전기
充分	chōngfèn	형부 충분하다, 충분히
充满	chōngmǎn	동 가득 차다, 넘치다, 충만하다
重复	chóngfù	동 (같은 일을) 반복하다, 중복하다
宠物	chǒngwù	명 애완동물
抽屉	chōuti	명 서랍
抽象	chōuxiàng	형 추상적이다
丑	chǒu	형 추하다, 못 생기다
臭	chòu	형 (냄새가) 고약하다, 역겹다
出版	chūbǎn	동 출판하다, 출간하다
出口	chūkǒu	명동 출구, 수출하다
出色	chūsè	형 대단히 뛰어나다, 출중하다
出示	chūshì	동 내보이다, 제시하다
出席	chūxí	동 회의에 참가하다, 출석하다
初级	chūjí	형 초급의 , 초등의
除非	chúfēi	접 오직 ~하여야, ~을 제외하고는
除夕	chúxī	명 섣달 그믐날
处理	chǔlǐ	동 처리하다, 해결하다
传播	chuánbō	동 전파하다, 유포하다

传染	chuánrǎn	图 전염하다, 전염시키다	
传说	chuánshuō	图 전설	
传统	chuántǒng	명형 전통(적이다)	
窗帘	chuānglián	图 커튼	
闯	chuǎng	图 돌진하다	
创造	chuàngzào	图 창조하다, 만들다	
吹	chuī	图 불다	
词汇	cíhuì	图 어휘	
辞职	cízhí	图 사직하다, 직장을 그만두다	
此外	cǐwài	접 이 외에, 이 밖에	
次要	cìyào	图 부차적인, 이차적인	
刺激	cìjī	명동 자극(하다)	
匆忙	cōngmáng	图 매우 바쁘다, 분주하다	
从此	cóngcǐ	튄 이후로, 그로부터, 이로부터	
从而	cóng'ér	접 따라서, 그리하여	
从前	cóngqián	图 이전, 옛날	
从事	cóngshì	图 종사하다	
粗糙	cūcāo	图 거칠다, 조잡하다	
促进	cùjìn	图 촉진하다, 추진하다	
促使	cùshǐ	图 ~하도록 (추진)하다	
醋	cù	图 식초, (남녀 관계에서) 질투	
催	cuī	图 재촉하다, 다그치다	
存在	cúnzài	图 존재하다	
措施	cuòshī	图 조치, 대책	

D

答应	dāying	图 응답하다, 동의하다, 허락하다	
达到	dádào	图 도달하다, 이르다	
打工	dǎgōng	图 아르바이트를 하다, 일하다	
打交道	dǎ jiāodao	图 (사람끼리) 왕래하다	
打喷嚏	dǎ pēntì	图 재채기를 하다	
打听	dǎting	图 물어보다, 알아보다	
大方	dàfang	图 인색하지 않다, (언행이) 시원시원하다	
大厦	dàshà	图 빌딩	
大象	dàxiàng	图 코끼리	
大型	dàxíng	图 대형의	
呆	dāi	동형 머무르다, (머리가) 둔하다, 멍청하다	
代表	dàibiǎo	명동 대표(하다)	
代替	dàitì	图 대체하다, 대신하다	

贷款	dàikuǎn	명동 대부금, 대여금, (은행에서) 대출하다	
待遇	dàiyù	명동 대우, 대접, 대우하다	
担任	dānrèn	图 맡다, 담당하다	
单纯	dānchún	图 단순하다	
单调	dāndiào	图 단조롭다	
单独	dāndú	튄 단독으로, 혼자서	
单位	dānwèi	图 단위, 직장, 기관	
单元	dānyuán	图 (아파트·빌딩 등의) 현관, (교재 등의) 단원	
耽误	dānwù	图 시간을 지체하다, 일을 그르치다	
胆小鬼	dǎnxiǎoguǐ	图 겁쟁이	
淡	dàn	图 싱겁다, (농도가) 낮다	
当地	dāngdì	图 현장, 현지, 그 곳	
当心	dāngxīn	图 조심하다, 주의하다	
挡	dǎng	图 막다, 차단하다	
导演	dǎoyǎn	图 연출자, 감독	
导致	dǎozhì	图 (어떤 사태를) 야기하다, 초래하다	
岛屿	dǎoyǔ	图 섬	
倒霉	dǎoméi	图 재수없다, 운이 없다	
到达	dàodá	图 도달하다, 도착하다	
道德	dàodé	图 도덕, 윤리	
道理	dàolǐ	图 도리, 이치	
登记	dēngjì	图 등기하다, 등록하다	
等待	děngdài	图 기다리다	
等于	děngyú	图 ~과 같다	
滴	dī	图 (액체가 한 방울씩) 떨어지다 图 방울	
的确	díquè	튄 확실히, 분명히	
敌人	dírén	图 적	
地道	dìdao	图 순수하다, 진짜의	
地理	dìlǐ	图 지리	
地区	dìqū	图 지역, 지구	
地毯	dìtǎn	图 양탄자, 카펫	
地位	dìwèi	图 지위, 위치	
地震	dìzhèn	图 지진	
递	dì	图 넘겨주다, 전해주다	
点心	diǎnxīn	图 간식	
电池	diànchí	图 건전지	
电台	diàntái	图 라디오 방송국	

钓	diào	동 낚다, 낚시하다
顶	dǐng	명 꼭대기
动画片	dònghuàpiān	명 만화영화
冻	dòng	동 얼다, 굳다
洞	dòng	명 구멍, 동굴
豆腐	dòufu	명 두부
逗	dòu	동형 놀리다, 재미있다
独立	dúlì	동 독립하다, 독자적으로 하다
独特	dútè	형 독특하다
度过	dùguò	동 (시간을) 보내다, 지내다
断	duàn	동 자르다, 끊다
堆	duī	명동 무더기, 쌓여있다
对比	duìbǐ	동 대비하다, 대조하다
对待	duìdài	동 대응하다, 대처하다
对方	duìfāng	명 상대방, 상대편
对手	duìshǒu	명 상대(방), 적수
对象	duìxiàng	명 상대, 대상
兑换	duìhuàn	동 환전하다
吨	dūn	양 톤(ton)
蹲	dūn	동 쪼그리고 앉다
顿	dùn	양 끼니, 번, 차례
多亏	duōkuī	동 덕택이다, 은혜를 입다
多余	duōyú	형 여분의, 나머지의
朵	duǒ	양 송이, 조각
躲藏	duǒcáng	동 숨다, 피하다

E

恶劣	èliè	형 아주 나쁘다, 열악하다
耳环	ěrhuán	명 귀고리

F

发表	fābiǎo	동 발표하다
发愁	fāchóu	동 걱정하다, 근심하다
发达	fādá	동형 발전시키다, 발달하다
发抖	fādǒu	동 떨다, 떨리다
发挥	fāhuī	동 발휘하다
发明	fāmíng	명동 발명(하다)
发票	fāpiào	명 영수증
发言	fāyán	명동 발언(하다)
罚款	fákuǎn	명동 벌금(을 부과하다)

法院	fǎyuàn	명 법원
翻	fān	동 뒤집다, 들추다, 펴다
繁荣	fánróng	동형 (경제나 사업이) 번영하다, 번영시키다
反而	fǎn'ér	부 반대로, 도리어, 오히려
反复	fǎnfù	동부 거듭하다, 반복하다, 반복하여
反应	fǎnyìng	명동 반응(하다)
反映	fǎnyìng	동 반영하다, 보고하다
反正	fǎnzhèng	부 아무튼, 어쨌든
范围	fànwéi	명 범위
方	fāng	명 사각형, 방향
方案	fāng'àn	명 방안
方式	fāngshì	명 방식, 방법
妨碍	fáng'ài	동 지장을 주다, 방해하다
仿佛	fǎngfú	부 마치 ~인 것 같다
非	fēi	동부 ~이 아니다, 반드시, 꼭
肥皂	féizào	명 비누
废话	fèihuà	명 쓸데없는 말
分别	fēnbié	동 구별하다, 헤어지다 부 각각, 따로따로
分布	fēnbù	동 분포하다, 널려 있다
分配	fēnpèi	동 분배하다, 배급하다
分手	fēnshǒu	동 헤어지다, 이별하다
分析	fēnxī	동 분석하다
纷纷	fēnfēn	부 쉴새없이, 계속, 연이어
奋斗	fèndòu	동 분투하다
风格	fēnggé	명 기질, 풍격
风景	fēngjǐng	명 풍경, 경치
风俗	fēngsú	명 풍속
风险	fēngxiǎn	명 위험, 모험
疯狂	fēngkuáng	동 미치다
讽刺	fěngcì	명동 풍자(하다)
否定	fǒudìng	동형 부정하다, 부정의
否认	fǒurèn	동 부인하다, 부정하다
扶	fú	동 (손으로) 일으키다, 부축하다
幅	fú	명양 너비, 넓이, 폭(그림이나 천을 세는 단위)
服装	fúzhuāng	명 복장, 의류
辅导	fǔdǎo	동 학습을 도우며 지도하다
妇女	fùnǚ	명 부녀자
复制	fùzhì	동 복제하다

G

改革	gǎigé	명동 개혁(하다)
改进	gǎijìn	동 개선하다, 개량하다
改善	gǎishàn	동 개선하다
改正	gǎizhèng	동 (잘못·착오등을)개정하다, 시정하다
盖	gài	명동 두껑, 덮개, 덮다
概括	gàikuò	동 개괄하다, 요약하다
概念	gàiniàn	명 개념
干脆	gāncuì	형부 시원스럽다, 명쾌하다, 아예, 차라리
干燥	gānzào	형 건조하다
赶紧	gǎnjǐn	부 서둘러, 재빨리
赶快	gǎnkuài	부 황급히, 재빨리
感激	gǎnjī	동 감격하다
感受	gǎnshòu	명동 느낌, 체험, 느끼다
感想	gǎnxiǎng	명 감상, 소감
干活儿	gànhuór	동 일하다
钢铁	gāngtiě	명 강철
高档	gāodàng	형 고급의, 상등의
高级	gāojí	형 (품질·수준의) 고급의
搞	gǎo	동 하다, 처리하다
告别	gàobié	동 이별을 고하다
隔壁	gébì	명 이웃집, 옆집
格外	géwài	부 각별히, 특별히
个别	gèbié	형 개개의, 개별적인
个人	gèrén	명 개인
个性	gèxìng	명 개성
各自	gèzì	대 각자, 제각기
根	gēn	명 뿌리
根本	gēnběn	명부 근본, 전혀, 아예
工厂	gōngchǎng	명 공장
工程师	gōngchéngshī	명 엔지니어
工具	gōngjù	명 공구, 작업도구
工人	gōngrén	명 노동자
工业	gōngyè	명 공업
公布	gōngbù	동 공포하다
公开	gōngkāi	동 공개하다
公平	gōngpíng	형 공평하다
公寓	gōngyù	명 아파트
公元	gōngyuán	명 서기

公主	gōngzhǔ	명 공주
功能	gōngnéng	명 기능, 효능
恭喜	gōngxǐ	동 축하하다
贡献	gòngxiàn	명동 공헌(하다)
沟通	gōutōng	동 교류하다, 소통하다
构成	gòuchéng	동 구성하다, 이루다
姑姑	gūgu	명 고모
姑娘	gūniang	명 처녀, 아가씨
古代	gǔdài	명 고대
古典	gǔdiǎn	명형 고전(의), 고전(적인)
股票	gǔpiào	명 주식
骨头	gǔtou	명 뼈
鼓舞	gǔwǔ	동 격려하다, 고무하다
鼓掌	gǔzhǎng	동 손뼉을 치다, 박수치다
固定	gùdìng	동 고정하다
挂号	guàhào	동 등록하다, 접수시키다
乖	guāi	형 (어린아이가) 얌전하다, 착하다
拐弯	guǎiwān	동 굽이(커브)를 돌다, 방향을 틀다
怪不得	guàibude	부 과연, 어쩐지
关闭	guānbì	동 닫다
观察	guānchá	동 관찰하다, 살피다
观点	guāndiǎn	명 관점, 견해
观念	guānniàn	명 관념, 생각
官	guān	명 관리, 공무원
管子	guǎnzi	명 관, 호스, 파이프
冠军	guànjūn	명 챔피언 우승
光滑	guānghuá	형 매끌매끌하다
光临	guānglín	동 오다, 광림하다
光明	guāngmíng	명 광명, 빛
光盘	guāngpán	명 CD, 콤펙디스크
广场	guǎngchǎng	명 광장
广大	guǎngdà	형 광대하다, 크고 넓다
广泛	guǎngfàn	형 광범위하다, 폭넓다
归纳	guīnà	동 귀납하다
规矩	guīju	명 법칙, 규칙
规律	guīlǜ	명 규율, 규칙
规模	guīmó	명 규모
规则	guīzé	명 규칙, 규정
柜台	guìtái	명 계산대, 카운터
滚	gǔn	동 구르다, 뒹굴다

锅	guō	몡 솥, 냄비	花生	huāshēng	몡 땅콩
国庆节	Guóqìngjié	고유 국경절	划	huà	통 긋다, 가르다
国王	guówáng	몡 국왕	华裔	huáyì	몡 화교
果然	guǒrán	뷔 과연, 아니나 다를까	滑	huá	톙 미끄럽다
果实	guǒshí	몡 과실, 열매	话题	huàtí	몡 화제, 논제
过分	guòfèn	톙 지나치다, 과분하다	化学	huàxué	몡 화학
过敏	guòmǐn	동톙 알레르기 반응을 나타내다, 과민하다	怀念	huáiniàn	통 회상하다, 추억하다
			怀孕	huáiyùn	통 임신하다
过期	guòqī	통 기한을 넘기다, 기일이 지나다	缓解	huǎnjiě	통 정도가 완화되다, 호전되다
			幻想	huànxiǎng	명통 환상(을 가지다), 상상하다

H

			慌张	huāngzhāng	톙 당황하다, 쩔쩔매다
哈	hā	감탄 하하, 아하! 오!	黄金	huángjīn	몡 황금
海关	hǎiguān	몡 세관	灰	huī	몡 재, 먼지
海鲜	hǎixiān	몡 해산물, 해물	灰尘	huīchén	몡 먼지
喊	hǎn	통 외치다, 소리치다	灰心	huīxīn	통 낙담하다, 낙심하다
行业	hángyè	몡 직업, 직종, 업종	挥	huī	통 휘두르다, 흔들다
豪华	háohuá	톙 호화스럽다, 사치스럽다	恢复	huīfù	통 회복하다, 회복되다
好客	hàokè	톙 손님 접대를 좋아하다	汇率	huìlǜ	몡 환율
好奇	hàoqí	톙 호기심을 가지다	婚礼	hūnlǐ	몡 결혼식
合法	héfǎ	톙 합법적이다	婚姻	hūnyīn	몡 혼인, 결혼
合理	hélǐ	톙 합리적이다	活跃	huóyuè	동톙 활약하다, 활동적이다, 활기있다
合同	hétong	몡 계약(서)			
合影	héyǐng	명통 단체사진, 함께 사진을 찍다	火柴	huǒchái	몡 성냥
合作	hézuò	통 합작하다, 협력하다	伙伴	huǒbàn	몡 동료, 동반자
何必	hébì	뷔 구태여 ~할 필요가 있는가?	或许	huòxǔ	뷔 아마, 어쩌면
何况	hékuàng	뷔 하물며 ~는 어떠하겠는가?			

J

和平	hépíng	명톙 평화(롭다)	机器	jīqì	몡 기계
核心	héxīn	몡 핵심	肌肉	jīròu	몡 근육
恨	hèn	통 원망하다	基本	jīběn	명톙뷔 기본(의), 기본(적인), 거의, 대체로
猴子	hóuzi	몡 원숭이			
后背	hòubèi	몡 등	激烈	jīliè	톙 격렬하다, 치열하다
后果	hòuguǒ	몡 (주로 안 좋은) 결과	及格	jígé	통 합격하다
忽然	hūrán	뷔 갑자기	极其	jíqí	뷔 아주, 매우
忽视	hūshì	통 소홀히 하다, 등한히 하다	急忙	jímáng	뷔 급히, 황급히
呼吸	hūxī	통 호흡하다	急诊	jízhěn	몡 급진, 응급 진료
壶	hú	몡 항아리, 주전자	集合	jíhé	통 집합하다, 모으다
蝴蝶	húdié	몡 나비	集体	jítǐ	몡 단체, 집단
胡说	húshuō	통 헛소리하다, 함부로 지껄이다	集中	jízhōng	통 집중하다
胡同	hútòng	몡 골목	记录	jìlù	명통 기록(하다)
糊涂	hútu	톙 어리석다, 멍청하다	记忆	jìyì	명통 기억(하다)

纪录	jìlù	명동	기록(하다)
纪律	jìlǜ	명	규율
纪念	jìniàn	명동	기념(하다)
计算	jìsuàn	동	계산하다, 셈하다
系领带	jì lǐngdài		넥타이를 매다
寂寞	jìmò	형	외롭다, 적막하다
夹子	jiāzi	명	집게, 클립
家庭	jiātíng	명	가정
家务	jiāwù	명	가사, 집안일
家乡	jiāxiāng	명	고향
嘉宾	jiābīn	명	귀빈, 손님
甲	jiǎ	명	순서나 등급의 첫째, 갑
假如	jiǎrú	접	가령, 만약, 만일
假设	jiǎshè	동	가정하다
假装	jiǎzhuāng	동	가장하다, ~체 하다
嫁	jià	동	시집가다, 출가하다
驾驶	jiàshǐ	동	운전하다
价值	jiàzhí	명	가치
肩膀	jiānbǎng	명	어깨
坚决	jiānjué	형	단호하다, 결연하다
坚强	jiānqiáng	형	굳세다, 강인하다
艰巨	jiānjù	형	어렵고 힘들다
艰苦	jiānkǔ	형	어렵고 고달프다
兼职	jiānzhí	동	겸직하다
捡	jiǎn	동	줍다
剪刀	jiǎndāo	명	가위
简历	jiǎnlì	명	약력
简直	jiǎnzhí	부	그야말로, 너무나
建立	jiànlì	동	세우다, 건립하다
建设	jiànshè	동	건설하다, 세우다
建筑	jiànzhù	명동	건축물, 건축하다
健身	jiànshēn	동	신체를 건강하게 하다
键盘	jiànpán	명	키보드
讲究	jiǎngjiū	동	중요시하다, 주의하다
讲座	jiǎngzuò	명	강좌
酱油	jiàngyóu	명	간장
交换	jiāohuàn	동	교환하다
交际	jiāojì	동	교제하다, 사귀다
交往	jiāowǎng	동	왕래하다
浇	jiāo	동	관개하다, 물을 대다
胶水	jiāoshuǐ	명	풀

角度	jiǎodù	명	각도
狡猾	jiǎohuá	형	교활하다, 간사하다
教材	jiàocái	명	교재
教练	jiàoliàn	명동	감독, 코치, 훈련하다
教训	jiàoxùn	명동	교훈, 훈계하다, 가르치고 타이르다
阶段	jiēduàn	명	단계, 계단
接触	jiēchù	동	닿다, 접촉하다
接待	jiēdài	동	접대하다, 영접하다
接近	jiējìn	동	접근하다, 가까이하다
结实	jiēshi	형	굳다, 단단하다
节省	jiéshěng	동	아끼다, 절약하다
结构	jiégòu	명	구조, 구성
结合	jiéhé	동	결합하다
结论	jiélùn	명	결론
结账	jiézhàng	동	계산하다, 결재하다
戒	jiè	동	(나쁜 습관을) 끊다
戒指	jièzhi	명	반지
届	jiè	명	회, 기(정기회의나 졸업 연차를 세는 단위)
借口	jièkǒu	명동	구실(로 삼다), 핑계(를 대다)
金属	jīnshǔ	명	금속
尽快	jǐnkuài	부	되도록 빨리
尽量	jǐnliàng	부	가능한 한
紧急	jǐnjí	형	긴급하다, 긴박하다
谨慎	jǐnshèn	형	신중하다, 조심스럽다
尽力	jìnlì	동	전력을 다하다
进步	jìnbù	명동	진보(하다), 진보(적이다)
进口	jìnkǒu	동	수입하다
近代	jìndài	명	근대, 근세
经典	jīngdiǎn	명	경전, 고전
经商	jīngshāng	동	장사하다
经营	jīngyíng	동	운영하다, 경영하다
精力	jīnglì	명	정력, 정신과 체력
精神	jīngshén	명	정신, 원기, 활력
酒吧	jiǔbā	명	술집, 바
救	jiù	동	구하다, 구조하다, 구제하다
救护车	jiùhùchē	명	구급차
舅舅	jiùjiu	명	외삼촌
居然	jūrán	부	뜻밖에, 예상외로, 의외로
桔子	júzi	명	귤

巨大	jùdà	형	거대하다, 아주 크다
具备	jùbèi	동	갖추다, 구비하다
具体	jùtǐ	형	구체적이다
俱乐部	jùlèbù	명	클럽, 동호회
据说	jùshuō	동	듣자하니 ~라고 한다
捐	juān	동	바치다, 기부하다
绝对	juéduì	형부	절대적인, 절대로
决赛	juésài	명	결승
决心	juéxīn	명동	결심(하다)
角色	juésè	명	배역, 역, 역할
军事	jūnshì	명	군사
均匀	jūnyún	형	균등하다, 고르다

K

卡车	kǎchē	명	트럭
开发	kāifā	동	개발하다, 개척하다
开放	kāifàng	동	개방하다, 해방하다
开幕式	kāimùshì	명	개막식
开水	kāishuǐ	명	끓인 물
砍	kǎn	동	(도기 등으로) 찍다, 패다
看不起	kànbuqǐ		경시하다, 얕보다
看望	kànwàng	동	방문하다
靠	kào	동	기대다
颗	kē	양	알, 방울
可见	kějiàn	접	~라는 것을 알 수 있다
可靠	kěkào	형	믿을 만하다
可怕	kěpà	형	두렵다, 무섭다
克	kè	양	그램(g)
克服	kèfú	동	극복하다, 이겨내다
刻苦	kèkǔ	형	몹시 애를 쓰다
客观	kèguān	형	객관적이다
课程	kèchéng	명	교과목, 교육과정
空间	kōngjiān	명	공간
空闲	kòngxián	명	여가, 자유시간
控制	kòngzhì	동	통제하다, 제어하다
口味	kǒuwèi	명	맛, 향미, 풍미
夸	kuā	동	칭찬하다
夸张	kuāzhāng	동	과장하다
会计	kuàijì	명	회계
宽	kuān	형	넓다
昆虫	kūnchóng	명	곤충

扩大	kuòdà	동	확대하다, 넓히다

L

辣椒	làjiāo	명	고추
拦	lán	동	막다, 저지하다
烂	làn	형	썩다, 부패하다
朗读	lǎngdú	동	낭독하다, 큰소리로 읽다
劳动	láodòng	명동	노동(하다)
劳驾	láojià	동	실례합니다, 수고하십니다
老百姓	lǎobǎixìng	명	백성, 국민
老板	lǎobǎn	명	사장
老婆	lǎopo	명	아내, 처
老实	lǎoshi	형	성실하다, 솔직하다
老鼠	lǎoshǔ	명	쥐
姥姥	lǎolao	명	외할머니, 외조모
乐观	lèguān	형	낙관적이다
雷	léi	명	천둥, 우레
类型	lèixíng	명	종류, 유형
冷淡	lěngdàn	형	쌀쌀하다, 냉담하다
厘米	límǐ	양	센티미터(cm)
离婚	líhūn	동	이혼하다
梨	lí	명	배
理论	lǐlùn	명	이론
理由	lǐyóu	명	이유
力量	lìliang	명	힘, 역량
立即	lìjí	부	곧, 즉시
立刻	lìkè	부	즉시, 바로
利润	lìrùn	명	이윤
利息	lìxī	명	이자
利益	lìyì	명	이익, 이득
利用	lìyòng	동	이용하다
连忙	liánmáng	부	얼른, 재빨리
连续	liánxù	동	연속하다, 계속하다
联合	liánhé	동	연합하다, 결합하다
恋爱	liàn'ài	명동	연애(하다)
良好	liánghǎo	형	좋다, 양호하다
粮食	liángshí	명	양식, 식량
亮	liàng	형	밝다, 빛나다
了不起	liǎobuqǐ	형	뛰어나다, 대단하다
列车	lièchē	명	열차
临时	línshí	부	임시의, 때에 이르러

铃	líng	명	방울, 종, 벨
灵活	línghuó	형	민첩하다, 재빠르다
零件	língjiàn	명	부속품
零食	língshí	명	간식, 군것질
领导	lǐngdǎo	명동	지도자, 지도하다, 이끌다
领域	lǐngyù	명	분야, 영역
浏览	liúlǎn	동	대강 둘러보다
流传	liúchuán	동	퍼지다, 전해지다, 유전되다
流泪	liúlèi	동	눈물을 흘리다
龙	lóng	명	용
漏	lòu	동	새다, 새나가다
陆地	lùdì	명	땅, 육지
陆续	lùxù	부	끊임없이, 연이어
录取	lùqǔ	동	채용하다, 뽑다
录音	lùyīn	명동	녹음(하다)
轮流	lúnliú	동	교대로 하다, 돌아가면서 하다
论文	lùnwén	명	논문
逻辑	luójí	명	논리
落后	luòhòu	동형	뒤쳐지다, 낙후되다

M

骂	mà	동	욕하다
麦克风	màikèfēng	명	마이크
馒头	mántou	명	만터우, 찐빵
满足	mǎnzú	동	만족하다
毛病	máobìng	명	고장, 결점
矛盾	máodùn	명	갈등, 대립
冒险	màoxiǎn	동	모험하다, 위험을 무릅쓰다
贸易	màoyì	명	무역
眉毛	méimao	명	눈썹
媒体	méitǐ	명	대중 매체
煤炭	méitàn	명	석탄
美术	měishù	명	미술
魅力	mèilì	명	매력
梦想	mèngxiǎng	명	꿈, 몽상
秘密	mìmì	명	비밀, 기밀
秘书	mìshū	명	비서
密切	mìqiè	형	밀접하다, 긴밀하다
蜜蜂	mìfēng	명	꿀벌
面对	miànduì	동	마주 보다, 직면하다
面积	miànjī	명	면적

面临	miànlín	동	직면하다, 당면하다
苗条	miáotiao	형	날씬하다
描写	miáoxiě	동	묘사하다
敏感	mǐngǎn	형	민감하다, 예민하다
名牌	míngpái	명	유명 상표, 브랜드
名片	míngpiàn	명	명함
名胜古迹	míngshènggǔjì	명	명승고적
明确	míngquè	형	명확하다
明显	míngxiǎn	형	뚜렷하다, 분명하다
明星	míngxīng	명	스타
命令	mìnglìng	명동	명령(하다)
命运	mìngyùn	명	운명
摸	mō	동	어루만지다, 쓰다듬다
模仿	mófǎng	동	모방하다
模糊	móhu	형	모호하다, 애매하게 하다
模特	mótè	명	모델
摩托车	mótuōchē	명	오토바이
陌生	mòshēng	형	생소하다, 낯설다
某	mǒu	대	아무, 어느
木头	mùtou	명	나무, 목재
目标	mùbiāo	명	목표
目录	mùlù	명	목록, 목차
目前	mùqián	명	지금, 현재

N

哪怕	nǎpà	접	설령 ~라해도
难怪	nánguài	부	어쩐지, 과연
难免	nánmiǎn	동	피하기 어렵다
脑袋	nǎodai	명	두뇌, 머리
内部	nèibù	명	내부
内科	nèikē	명	내과
嫩	nèn	형	부드럽다, 연하다
能干	nénggàn	형	유능하다
能源	néngyuán	명	에너지원, 에너지
嗯	èng	감탄	응, 그래
年代	niándài	명	시대, 연대
年纪	niánjì	명	나이, 연령
念	niàn	동	읽다, 낭독하다, 그리워하다
宁可	nìngkě	부	차라리 ~할지언정
牛仔裤	niúzǎikù	명	청바지
农村	nóngcūn	명	농촌

农民	nóngmín	명 농민, 농부
农业	nóngyè	명 농업
浓	nóng	형 진하다, 짙다
女士	nǚshì	명 여사

O

欧洲	Ōuzhōu	고유 유럽
偶然	ǒurán	부 우연히, 뜻밖에

P

拍	pāi	동 치다, 때리다, (사진을)찍다
派	pài	동 파견하다, 지명하다
盼望	pànwàng	동 간절히 바라다, 희망하다
培训	péixùn	동 양성하다, 훈련하다
培养	péiyǎng	동 기르다, 양성하다
赔偿	péicháng	동 배상하다, 변상하다
佩服	pèifú	동 탄복하다, 감탄하다
配合	pèihé	동 협동하다, 협력하다
盆	pén	명 대야, 화분
碰	pèng	동 우연히 만나다, 부딪치다
批	pī	양 무리, 떼
批准	pīzhǔn	동 비준하다, 허가하다
披	pī	동 (겉옷을) 덮다, 걸치다
疲劳	píláo	형 피곤하다, 지치다
匹	pǐ	양 필(말이나 비단 등을 세는 단위)
片	piàn	양 편(조각이나 면적 등을 세는 단위)
片面	piànmiàn	형 일방적이다, 단편적이다
飘	piāo	동 바람에 나부끼다, 흩날리다
拼音	pīnyīn	명 병음
频道	píndào	명 채널
平	píng	형 평평하다, 평탄하다
平安	píng'ān	형 평안하다, 무사하다
平常	píngcháng	명형 평상시, 평소, 평범하다
平等	píngděng	형 평등하다
平方	píngfāng	명 제곱, 평방
平衡	pínghéng	형 균형이 맞다
平静	píngjìng	형 조용하다, 평온하다
平均	píngjūn	동형 균등히 하다, 고르게 하다, 균등한, 평균적인

评价	píngjià	명동 평가(하다)
凭	píng	동전 기대다, 의지하다, ~에 근거하여
迫切	pòqiè	형 절박하다, 다급하다
破产	pòchǎn	동 파산하다, 부도나다
破坏	pòhuài	동 파괴하다, 손상시키다

Q

期待	qīdài	동 기대하다, 바라다
期间	qījiān	명 기간, 시간
其余	qíyú	대 나머지, 남은 것
奇迹	qíjì	명 기적
企业	qǐyè	명 기업
启发	qǐfā	동 일깨우다, 영감을 주다
气氛	qìfēn	명 분위기
汽油	qìyóu	명 휘발유, 가솔린
谦虚	qiānxū	형 겸손하다, 겸허하다
签	qiān	동 서명하다, 사인하다
前途	qiántú	명 앞길, 전망
浅	qiǎn	형 얕다, 좁다
欠	qiàn	동 빚지다
枪	qiāng	명 총
墙	qiáng	명 벽, 담장
强调	qiángdiào	동 강조하다
强烈	qiángliè	형 강렬하다, 맹렬하다
抢	qiǎng	동 빼앗다, 약탈하다
悄悄	qiāoqiāo	부형 은밀히, 몰래, 조용하다
瞧	qiáo	동 보다
巧妙	qiǎomiào	형 교묘하다
切	qiē	동 (칼로) 썰다, 자르다
亲爱	qīn'ài	형 친애하다, 사랑하다
亲切	qīnqiè	형 친절하다
亲自	qīnzì	부 직접, 손수, 친히
勤奋	qínfèn	형 부지런하다, 열심히 하다
青	qīng	형 푸르다
青春	qīngchūn	명 청춘
青少年	qīngshàonián	명 청소년
轻视	qīngshì	동 경시하다, 무시하다
轻易	qīngyì	형 함부로 하다, 경솔하다
清淡	qīngdàn	형 음식이 기름지지 않고 담백하다

情景	qíngjǐng	몡 정경, 광경
情绪	qíngxù	몡 정서, 기분
请求	qǐngqiú	통 요청하다, 부탁하다
庆祝	qìngzhù	통 경축하다
球迷	qiúmí	몡 구기 운동 팬
趋势	qūshì	몡 추세, 경향
取消	qǔxiāo	통 취소하다
娶	qǔ	통 아내를 얻다, 장가들다
去世	qùshì	통 세상을 뜨다
圈	quān	몡 주위, 둘레
权力	quánlì	몡 권력
权利	quánlì	몡 권리
全面	quánmiàn	몡형 전면(적이다), 전반적이다
劝	quàn	통 권하다, 타이르다
缺乏	quēfá	통 모자라다, 결핍되다
确定	quèdìng	통형 확정하다, 확고하다
确认	quèrèn	통 확인하다
群	qún	몡양 무리, 떼

R

燃烧	ránshāo	통 연소하다, 타다
绕	rào	통 휘감다, 우회하다
热爱	rè'ài	통 뜨겁게 사랑하다
热烈	rèliè	형 열렬하다
热心	rèxīn	통형 열성적이다, 친절하다
人才	réncái	몡 인재
人口	rénkǒu	몡 인구
人类	rénlèi	몡 인류
人民币	rénmínbì	몡 런민비, 인민폐
人生	rénshēng	몡 인생
人事	rénshì	몡 인사
人物	rénwù	몡 인물
人员	rényuán	몡 인원, 요원
忍不住	rěnbuzhù	통 견딜 수 없다, 참을 수 없다
日常	rìcháng	형 일상의, 일상적인
日程	rìchéng	몡 일정
日历	rìlì	몡 달력, 일력
日期	rìqī	몡 날짜, 기간
日用品	rìyòngpǐn	몡 일용품, 생활용품
日子	rìzi	몡 날짜, 기간, 생활
如何	rúhé	대 어떠한가, 어떻게

如今	rújīn	몡 지금, 오늘날
软	ruǎn	형 부드럽다
软件	ruǎnjiàn	몡 소프트웨어
弱	ruò	형 약하다, 허약하다

S

洒	sǎ	통 뿌리다, 엎지르다
嗓子	sǎngzi	몡 목소리, 목(구멍)
色彩	sècǎi	몡 색채, 색깔
杀	shā	통 죽이다
沙漠	shāmò	몡 사막
沙滩	shātān	몡 모래사장, 백사장
傻	shǎ	형 어리석다, 우둔하다
晒	shài	통 햇볕을 쬐다, 햇볕에 말리다
删除	shānchú	통 삭제하다, 지우다
闪电	shǎndiàn	몡동 번개(가 번쩍이다)
扇子	shànzi	몡 부채
善良	shànliáng	형 선량하다, 착하다
善于	shànyú	통 ~를 잘하다, ~에 능하다
伤害	shānghài	통 상처를 주다, 손상시키다, 해치다
商品	shāngpǐn	몡 상품, 제품
商务	shāngwù	몡 상업상의 용무, 비즈니스
商业	shāngyè	몡 상업
上当	shàngdàng	통 속다, 사기를 당하다
蛇	shé	몡 뱀
舍不得	shěbude	통 섭섭하다, ~하기 아까워하다
设备	shèbèi	몡동 설비, 시설, 갖추다
设计	shèjì	몡동 설계(하다), 디자인(하다)
设施	shèshī	몡 시설
射击	shèjī	몡동 사격(하다)
摄影	shèyǐng	통 사진을 찍다, 영화를 촬영하다
伸	shēn	통 (신체 일부를) 펴다, 펼치다
身材	shēncái	몡 몸매, 체격
身份	shēnfèn	몡 신분
深刻	shēnkè	형 (인상이) 깊다, (느낌이) 강렬하다
神话	shénhuà	몡 신화
神秘	shénmì	형 신비하다
升	shēng	통 오르다, (등급 따위를) 올라가다

生产	shēngchǎn	통	생산하다, 만들다
生动	shēngdòng	형	생동감 있다
生长	shēngzhǎng	통	성장하다, 자라다
声调	shēngdiào	명	성조
绳子	shéngzi	명	노끈, 밧줄
省略	shěnglüè	통	생략하다, 삭제하다
胜利	shènglì	명통	승리(하다)
失眠	shīmián	통	잠을 이루지 못하다
失去	shīqù	통	잃다, 잃어버리다
失业	shīyè	통	직업을 잃다, 실직하다
诗	shī	명	시
狮子	shīzi	명	사자
湿润	shīrùn	형	촉촉하다, 습윤하다
石头	shítou	명	돌
时差	shíchā	명	시차
时代	shídài	명	시대, 시기
时刻	shíkè	명부	시각, 때, 시시각각
时髦	shímáo	형	유행이다, 현대적이다
时期	shíqī	명	(특정한) 시기
时尚	shíshàng	명	시대적 유행, 시류
实话	shíhuà	명	실화, 참말
实践	shíjiàn	명통	실천(하다)
实习	shíxí	통	실습하다
实现	shíxiàn	통	실현하다, 달성하다
实验	shíyàn	명통	실험(하다)
实用	shíyòng	형	실용적이다
食物	shíwù	명	음식물
使劲儿	shǐjìnr	통	힘을 쓰다
始终	shǐzhōng	부명	한결같이, 처음과 끝
士兵	shìbīng	명	병사, 사병
市场	shìchǎng	명	시장
似的	shìde	조	~와(과) 같다
事实	shìshí	명	사실
事物	shìwù	명	사물
事先	shìxiān	명	사전, 미리
试卷	shìjuàn	명	시험지
收获	shōuhuò	명통	수확(하다)
收据	shōujù	명	영수증
手工	shǒugōng	명	수공, 손으로 하는 일
手术	shǒushù	명통	수술(하다)
手套	shǒutào	명	장갑

手续	shǒuxù	명	수속, 절차
手指	shǒuzhǐ	명	손가락
首	shǒu	명	시작, 머리, 우두머리
寿命	shòumìng	명	수명
受伤	shòushāng	통	부상당하다
书架	shūjià	명	책꽂이
梳子	shūzi	명	빗
舒适	shūshì	형	쾌적하다
输入	shūrù	통	입력하다
蔬菜	shūcài	명	채소, 야채
熟练	shúliàn	형	숙련되어 있다, 능숙하다
属于	shǔyú	통	~에 속하다
鼠标	shǔbiāo	명	마우스
数	shǔ	통	세다, 헤아리다
数据	shùjù	명	데이터
数码	shùmǎ	명	디지털, 숫자
摔倒	shuāidǎo	통	넘어지다, 쓰러지다
甩	shuǎi	통	휘두르다, 내던지다
双方	shuāngfāng	명	쌍방, 양측
税	shuì	명	세금, 세
说不定	shuōbudìng	부동	아마, 대개, 단언하기 어렵다
说服	shuōfú	통	설득하다
丝绸	sīchóu	명	비단
丝毫	sīháo	부	조금도, 추호도
私人	sīrén	명	민간, 개인
思考	sīkǎo	통	사고하다, 깊은 생각하다
思想	sīxiǎng	명	사상, 생각
撕	sī	통	(손으로) 찢다, 뜯다
似乎	sìhū	부	마치 ~인 것 같다
搜索	sōusuǒ	통	(인터넷에) 검색하다, 수색하다
宿舍	sùshè	명	기숙사
随身	suíshēn	통	곁에 따라 다니다, 휴대하다
随时	suíshí	부	수시로, 언제나
随手	suíshǒu	부	~하는 김에
碎	suì	통	부수다, 깨지다
损失	sǔnshī	명통	손실(되다)
缩短	suōduǎn	통	단축하다, 줄이다
所	suǒ	양	채, 동(집이나 학교 등을 세는 단위)
锁	suǒ	명통	자물쇠, 잠그다

T

台阶	táijiē	몡 층계, 계단
太极拳	tàijíquán	몡 태극권
太太	tàitai	몡 아내, 부인(결혼한 여자에 대한 존칭)
谈判	tánpàn	통 담판하다
坦率	tǎnshuài	톙 솔직하다, 담백하다
烫	tàng	톙 몹시 뜨겁다
逃	táo	통 도망치다, 달아나다
逃避	táobì	통 도피하다
桃	táo	몡 복숭아
淘气	táoqì	톙 장난이 심하다, 말을 듣지 않다
讨价还价	tǎojià huánjià	값을 흥정하다
套	tào	양 세트
特色	tèsè	몡 특색, 특징
特殊	tèshū	톙 특수하다, 특별하다
特征	tèzhēng	몡 특징
疼爱	téng'ài	통 매우 귀여워하다
提倡	tíchàng	통 제창하다, 부르짖다
提纲	tígāng	몡 요점, 요강
提问	tíwèn	통 질문하다
题目	tímù	몡 제목
体会	tǐhuì	통 체득하다
体贴	tǐtiē	통 자상하게 돌보다
体现	tǐxiàn	통 구현하다, 체현하다
体验	tǐyàn	몡통 체험(하다)
天空	tiānkōng	몡 하늘
天真	tiānzhēn	톙 천진하다, 순진하다
调皮	tiáopí	톙 장난스럽다
调整	tiáozhěng	통 조정하다, 조절하다
挑战	tiǎozhàn	몡통 도전(하다)
通常	tōngcháng	몡톙 보통(이다), 일반(적이다)
统一	tǒngyī	통톙 통일하다, 통일된
痛苦	tòngkǔ	톙 고통스럽다
痛快	tòngkuài	톙 통쾌하다, 즐겁다
偷	tōu	통부 훔치다, 남몰래, 슬그머니
投入	tóurù	통 뛰어들다, 투입하다
投资	tóuzī	몡통 투자(하다)
透明	tòumíng	톙 투명하다
突出	tūchū	통톙 돌파하다, 돌출하다, 뛰어나다

土地	tǔdì	몡 땅, 토지
土豆	tǔdòu	몡 감자
吐	tù	통 토하다
兔子	tùzi	몡 토끼
团	tuán	몡 단체
推辞	tuīcí	통 거절하다, 사양하다
推广	tuīguǎng	통 널리 보급하다
推荐	tuījiàn	통 추천하다
退	tuì	통 물러나다, 물러서다
退步	tuìbù	통 퇴보하다, 후퇴하다
退休	tuìxiū	통 퇴직하다

W

歪	wāi	톙 비뚤다
外公	wàigōng	몡 외조부, 외할아버지
外交	wàijiāo	몡 외교
完美	wánměi	톙 완벽하다, 매우 훌륭하다
完善	wánshàn	톙 완벽하다, 나무랄 데가 없다
完整	wánzhěng	톙 온전하다, 완전히 갖추어져 있다
玩具	wánjù	몡 장난감, 완구
万一	wànyī	젭 만일, 만약
王子	wángzǐ	몡 왕자
网络	wǎngluò	몡 네트워크
往返	wǎngfǎn	통 왕복하다
危害	wēihài	몡통 손상, 해를 끼치다
威胁	wēixié	몡통 위협(하다)
微笑	wēixiào	몡통 미소(를 짓다)
违反	wéifǎn	통 (법률·규정 등을) 위반하다
围巾	wéijīn	몡 목도리, 스카프
围绕	wéirào	통 (문제나 일을) 둘러싸다
唯一	wéiyī	톙 유일한
维修	wéixiū	통 수리하다, 수선하다
伟大	wěidà	톙 위대하다
尾巴	wěiba	몡 꼬리
委屈	wěiqū	톙 억울하다, 분하다
未必	wèibì	부 반드시 ~한 것은 아니다
未来	wèilái	몡 미래
位于	wèiyú	통 ~에 위치하다
位置	wèizhì	몡 위치
胃	wèi	몡 위

胃口	wèikǒu	명	식욕
温暖	wēnnuǎn	형	따뜻하다, 포근하다
温柔	wēnróu	형	다정하다, 부드럽다
文件	wénjiàn	명	문건, 서류
文具	wénjù	명	문구, 문방구
文明	wénmíng	명형	문명, 교양이 있다
文学	wénxué	명	문학
文字	wénzì	명	문자, 글자
闻	wén	동	냄새를 맡다
吻	wěn	동	입맞춤하다
稳定	wěndìng	형	안정되다
问候	wènhòu	동	안부를 묻다, 문안드리다
卧室	wòshì	명	침실
握手	wòshǒu	동	악수하다, 손을 잡다
屋子	wūzi	명	방
无奈	wúnài	동	하는 수 없다, 방법이 없다
无数	wúshù	형	무수하다, 셀 수 없다
无所谓	wúsuǒwèi		상관없다
武术	wǔshù	명	무술
勿	wù	부	~하지 마라
物理	wùlǐ	명	물리
物质	wùzhì	명	물질
雾	wù	명	안개

X

吸取	xīqǔ	동	흡수하다, 빨아들이다
吸收	xīshōu	동	흡수하다
戏剧	xìjù	명	희극, 연극
系	xì	명	학과
系统	xìtǒng	명	계통, 체계, 시스템
细节	xìjié	명	세부 사항, 자세한 부분
瞎	xiā	동부	눈이 멀다, 실명하다, 제멋대로, 함부로
下载	xiàzài	동	다운로드하다
吓	xià	동	놀라다, 무서워하다
夏令营	xiàlìngyíng	명	여름 캠프
鲜艳	xiānyàn	형	화려하다, 산뜻하고 아름답다
显得	xiǎnde	동	~처럼 보이다, (상황이) 드러나다
显然	xiǎnrán	형	명백하다, 뚜렷하다
显示	xiǎnshì	동	드러내다, 나타내 보이다

县	xiàn	명	현(중국행정구역)
现代	xiàndài	명	현대
现实	xiànshí	명형	현실(적이다)
现象	xiànxiàng	명	현상
限制	xiànzhì	명동	제한(하다)
相处	xiāngchǔ	동	함께 지내다
相当	xiāngdāng	부형	상당히, 꽤, 상당하다
相对	xiāngduì	형동	상대적이다, 마주하다
相关	xiāngguān	동	관계가 있다
相似	xiāngsì	형	닮다, 비슷하다
香肠	xiāngcháng	명	소시지
享受	xiǎngshòu	동	누리다, 즐기다
想念	xiǎngniàn	동	그리워하다, 생각하다
想象	xiǎngxiàng	명동	상상(하다)
项	xiàng	명양	항목, 조항을 세는 단위
项链	xiàngliàn	명	목걸이
项目	xiàngmù	명	항목, 프로젝트
象棋	xiàngqí	명	중국식 장기
象征	xiàngzhēng	명동	상징(하다)
消费	xiāofèi	동	소비하다
消化	xiāohuà	동	소화하다
消极	xiāojí	형	소극적이다
消失	xiāoshī	동	소실되다, 없어지다
销售	xiāoshòu	동	팔다, 판매하다
小麦	xiǎomài	명	밀
小气	xiǎoqi	형	인색하다
孝顺	xiàoshùn	동	효도하다
效率	xiàolǜ	명	능률, 효율
歇	xiē	동	쉬다, 휴식하다
斜	xié	동	기울다
写作	xiězuò	동	글을 짓다
血	xiě/xuè	명	피
心理	xīnlǐ	명	심리, 기분
心脏	xīnzàng	명	심장
欣赏	xīnshǎng	동	감상하다, 마음에 들다
信号	xìnhào	명	신호, 싸인
信任	xìnrèn	명동	신임(하다), 신뢰(하다)
行动	xíngdòng	명동	행동(하다)
行人	xíngrén	명	행인, 길을 걷는 사람
行为	xíngwéi	명	행위, 행동
形成	xíngchéng	동	형성되다, 이루어지다

形容	xíngróng	동 형용하다, 묘사하다
形式	xíngshì	명 형식, 형태
形势	xíngshì	명 형편, 상황
形象	xíngxiàng	명 이미지, 형상
形状	xíngzhuàng	명 형상, 물체의 외관
幸亏	xìngkuī	부 다행히
幸运	xìngyùn	명동 행운(이다), 운이 좋다
性质	xìngzhì	명 성질
兄弟	xiōngdì	명 형제
胸	xiōng	명 가슴, 흉부
休闲	xiūxián	동 한가하다, 여가활동을 하다
修改	xiūgǎi	동 고치다, 수정하다
虚心	xūxīn	형 겸손하다, 겸허하다
叙述	xùshù	동 서술하다, 기술하다
宣布	xuānbù	동 선포하다, 공표하다
宣传	xuānchuán	동 선전하다, 홍보하다
学历	xuélì	명 학력
学术	xuéshù	명 학술
学问	xuéwèn	명 학문, 학식
寻找	xúnzhǎo	동 찾다, 구하다
询问	xúnwèn	동 알아보다, 물어보다
训练	xùnliàn	동 훈련하다
迅速	xùnsù	형 신속하다, 재빠르다

Y

押金	yājīn	명 보증금
牙齿	yáchǐ	명 이, 치아
延长	yáncháng	동 연장하다, 늘이다
严肃	yánsù	형 엄숙하다
演讲	yǎnjiǎng	명동 연설(하다)
宴会	yànhuì	명 연회, 파티
阳台	yángtái	명 발코니, 베란다
痒	yǎng	형 가렵다, 간지럽다
样式	yàngshì	명 양식, 스타일
腰	yāo	명 허리
摇	yáo	동 흔들다
咬	yǎo	동 물다, 깨물다
要不	yàobù	접 그렇지 않으면
业务	yèwù	명 업무
业余	yèyú	명형 여가, 아마추어의
夜	yè	명 밤

一辈子	yíbèizi	명 한평생, 일생
一旦	yídàn	부 일단
一律	yílǜ	부형 예외 없이, 일률적이다
一再	yízài	부 거듭, 반복해서
一致	yízhì	형 일치하다
依然	yīrán	부 여전히
移动	yídòng	동 옮기다, 움직이다
移民	yímín	명동 이민(하다)
遗憾	yíhàn	명형 유감(스럽다)
疑问	yíwèn	명 의문, 의혹
乙	yǐ	명 을
以及	yǐjí	접 및, 그리고
以来	yǐlái	명 이래, 이후
亿	yì	수 억
义务	yìwù	명 의무
议论	yìlùn	동 의논하다, 비평하다
意外	yìwài	형 의외의, 뜻밖의
意义	yìyì	명 의의, 의미
因而	yīn'ér	접 그러므로
因素	yīnsù	명 요소, 성분
银	yín	명 은
印刷	yìnshuā	동 인쇄하다
英俊	yīngjùn	형 잘 생기다, 재능이 출중하다
英雄	yīngxióng	명 영웅
迎接	yíngjiē	동 영접하다, 마중하다
营养	yíngyǎng	명 영양
营业	yíngyè	동 영업하다
影子	yǐngzi	명 그림자
应付	yìngfù	동 대응하다, 대처하다
应用	yìngyòng	동 응용하다
硬	yìng	형 단단하다, 딱딱하다
硬件	yìngjiàn	명 하드웨어
拥抱	yōngbào	동 포옹하다, 껴안다
拥挤	yōngjǐ	형 붐비다, 혼잡하다
勇气	yǒngqì	명 용기
用功	yònggōng	동 노력하다, 열심히 공부하다
用途	yòngtú	명 용도
优惠	yōuhuì	형 특혜의, 우대의
优美	yōuměi	형 아름답다
优势	yōushì	명 우세
悠久	yōujiǔ	형 오래되다, 유구하다

犹豫	yóuyù	휑	주저하다, 망설이다
油炸	yóuzhá	동	(끓는) 기름에 튀기다
游览	yóulǎn	동	유람하다
有利	yǒulì	휑	유리하다, 이롭다
幼儿园	yòu'éryuán	명	유치원
娱乐	yúlè	명	오락, 예능
与其	yǔqí	접	~하기보다는
语气	yǔqì	명	어기, 말투, 어투
玉米	yùmǐ	명	옥수수
预报	yùbào	명동	예보(하다)
预订	yùdìng	동	예약하다
预防	yùfáng	동	예방하다
元旦	Yuándàn	고유	원단 (양력 1월 1일)
员工	yuángōng	명	종업원
原料	yuánliào	명	원료
原则	yuánzé	명	원칙
圆	yuán	명형	원, 둥글다
愿望	yuànwàng	명	희망, 바람
乐器	yuèqì	명	악기
晕	yūn	형동	어지럽다, 기절하다
运气	yùnqì	명	운수, 운세
运输	yùnshū	동	운반하다, 수송하다
运用	yùnyòng	동	운용하다, 활용하다

Z

灾害	zāihài	명	재해, 재난
再三	zàisān	부	다시, 재차
在乎	zàihu	동	신경 쓰다
在于	zàiyú	동	~에 있다
赞成	zànchéng	동	찬성하다
赞美	zànměi	동	찬미하다
糟糕	zāogāo	형	엉망이 되다, 망치다
造成	zàochéng	동	조성하다, 야기하다
则	zé	부접	바로 ~이다, 그러나
责备	zébèi	동	책하다, 나무라다
摘	zhāi	동	따다, 떼다
窄	zhǎi	형	좁다
粘贴	zhāntiē	동	붙이다, 바르다
展开	zhǎnkāi	동	펴다, 펼치다
展览	zhǎnlǎn	동	전람하다
占	zhàn	동	차지하다

战争	zhànzhēng	명	전쟁
长辈	zhǎngbèi	명	손윗사람, 연장자
涨	zhǎng	동	(수위나 물가 등이) 올라가다
掌握	zhǎngwò	동	장악하다, 정복하다
账户	zhànghù	명	계좌
招待	zhāodài	동	접대하다, 대접하다
着火	zháohuǒ	동	불나다, 불붙다
着凉	zháoliáng	동	감기에 걸리다, 바람을 맞다
照常	zhàocháng	동부	평소대로 하다, 평상시대로
召开	zhàokāi	동	열다, 개최하다
哲学	zhéxué	명	철학
针对	zhēnduì	동	겨누다, 겨냥하다
珍惜	zhēnxī	동	아끼다, 소중히 하다
真实	zhēnshí	형	진실하다
诊断	zhěnduàn	동	진단하다
阵	zhèn	양	차례, 바탕(잠시 지속되는 동작을 세는 단위)
振动	zhèndòng	동	진동하다
争论	zhēnglùn	동	논쟁하다
争取	zhēngqǔ	동	쟁취하다, 얻다
征求	zhēngqiú	동	구하다
睁	zhēng	동	(눈을) 크게 뜨다
整个	zhěnggè	형	전부의, 전체의
整齐	zhěngqí	형	가지런하다, 깔끔하다
整体	zhěngtǐ	명	(한 집단의) 전부, 전체
正	zhèng	형부	바르다, 마침
证件	zhèngjiàn	명	증거 서류
证据	zhèngjù	명	증거
政府	zhèngfǔ	명	정부
政治	zhèngzhì	명	정치
挣	zhèng	동	(돈을) 벌다
支	zhī	양	자루
支票	zhīpiào	명	수표
执照	zhízhào	명	면허증
直	zhí	형	곧다
指导	zhǐdǎo	동	지도하다
指挥	zhǐhuī	동	지휘하다
至今	zhìjīn	부	지금까지
至于	zhìyú	동전	~에 이르다, ~에 대해서
志愿者	zhìyuànzhě	명	지원자
制定	zhìdìng	동	제정하다

制度	zhìdù	몡	제도
制造	zhìzào	동	제조하다, 만들다
制作	zhìzuò	동	제작하다, 만들다
治疗	zhìliáo	동	치료하다
秩序	zhìxù	형	질서
智慧	zhìhuì	몡	지혜
中介	zhōngjiè	명동	중개(하다)
中心	zhōngxīn	몡	중심, 센터
中旬	zhōngxún	몡	중순
种类	zhǒnglèi	몡	종류
重大	zhòngdà	형	중대하다
重量	zhòngliàng	몡	중량, 무게
周到	zhōudào	형	주도면밀하다, 세심하다
猪	zhū	몡	돼지
竹子	zhúzi	몡	대나무
逐步	zhúbù	부	점차
逐渐	zhújiàn	부	점점, 점차
主持	zhǔchí	동	주최하다, 진행하다
主动	zhǔdòng	형	능동적이다, 자발적이다
主观	zhǔguān	형	주관적이다
主人	zhǔrén	형	주인
主任	zhǔrèn	몡	장, 주임
主题	zhǔtí	몡	주제
主席	zhǔxí	몡	주석, 위원장
主张	zhǔzhāng	명동	주장(하다)
煮	zhǔ	동	삶다, 익히다
注册	zhùcè	동	등록하다, 등기하다
祝福	zhùfú	명동	축복(하다)
抓	zhuā	동	꽉 쥐다, 붙잡다, 체포하다
抓紧	zhuājǐn	동	꽉 쥐다, 단단히 잡다
专家	zhuānjiā	몡	전문가
专心	zhuānxīn	형	전념하다, 몰두하다
转变	zhuǎnbiàn	동	바뀌다, 바꾸다
转告	zhuǎngào	동	(말을) 전하다
装	zhuāng	동	싣다, 포장하다
装饰	zhuāngshì	명동	장식(하다)
装修	zhuāngxiū	동	(가옥을) 장식하고 꾸밈다
状况	zhuàngkuàng	몡	상황, 형편, 상태
状态	zhuàngtài	몡	상태
撞	zhuàng	동	부딪히다
追	zhuī	동	뒤쫓다, 쫓아가다

追求	zhuīqiú	동	추구하다, 탐구하다
咨询	zīxún	동	자문하다, 상의하다
姿势	zīshì	몡	자세, 포즈
资格	zīgé	몡	자격
资金	zījīn	형	자금
资料	zīliào	형	자료
资源	zīyuán	몡	자원
紫	zǐ	명형	자줏빛, 자줏빛의
自从	zìcóng	전	~에서, ~부터
自动	zìdòng	형	자동이다, 자발적으로
自豪	zìháo	형	스스로 자랑스럽게 생각하다
自觉	zìjué	동	자각하다, 스스로 느끼다
自私	zìsī	형	이기적이다
自由	zìyóu	명형	자유(롭다)
自愿	zìyuàn	동	자원하다
字母	zìmǔ	몡	알파벳
字幕	zìmù	몡	자막
综合	zōnghé	동	종합하다
总裁	zǒngcái	몡	총재
总共	zǒnggòng	부	모두, 전부
总理	zǒnglǐ	몡	총리
总算	zǒngsuàn	부	마침내, 드디어
总统	zǒngtǒng	몡	총통, 대통령
总之	zǒngzhī	접	요컨대, 한마디로 말하면
阻止	zǔzhǐ	동	저지하다, 막다
组	zǔ	명동	조, 그룹, 짜다
组成	zǔchéng	동	짜다, 조성하다
组合	zǔhé	명동	조합(하다)
组织	zǔzhī	명동	조직(하다)
最初	zuìchū	형	최초, 처음
醉	zuì	동	취하다
尊敬	zūnjìng	동	존경하다
遵守	zūnshǒu	동	준수하다
作品	zuòpǐn	몡	작품
作为	zuòwéi	동	~로 여기다
作文	zuòwén	형	작문